家族をしっかり守る

相続超入門

inheritance handbook

［監修］税理士法人トゥモローズ

［編集協力］円満相続を応援する士業の会

［著］株式会社エッサム

さ出版

はじめに

親や家族が亡くなると、残された人たちは期限内にさまざまな手続きをしなければなりません。なかでも最も大きな負荷となるのが、「相続の手続き」です。

相続は大きなできごとではあるものの、多くの人が人生で2、3回しか経験しません。つまり、ほとんどの人が経験や知識をじゅうぶん持たないままに、相続に対処していかなければならないのです。

故人の思いを尊重しつつ、残された自分たちの意思を伝え、そして関係者の公平感を損ねないように相続をとりおこなうには、熟慮や気配りが求められます。

悪く転べば、相続ならぬ「争族」になりかねません。そこまでこじれなくても、相続での「ちょっとした不公平感」が、その後のつきあいに悪影響をもたらしたケースは、決して少なくありません。

また、相続では、親や家族が亡くなってから10か月以内に相続人が相続税の申告をしなければばなりません。遅れてしまうと、税制上のペナルティが科されます。

このように、相続は知識がなければ、たいへんな状況になりかねないのです。

相続税制には「この財産も相続財産に当たるの⁉」と驚かされる他の税とは異なる定義、「なぜ、こんな複雑な計算をしなければならないの⁉」と感じる特異な税の算出方法がたくさんあります。

また、相続税には税負担を軽くする特例や控除はあるものの、適用できる人や適用範囲など、細かな条件が定められていて、知識がなければ混乱することも少なくありません。

近年は、相続や財産に関するルールに変更が続いています。そうした中で、ベースとなる知識は身につけておいて損はないでしょう。

■突然の相続で慌てないために

本書は、残された家族に迷惑をかけないよう相続の準備をしておきたい人、親の財産の相続に備えておきたい人に向けて、相続の手続きの基本や全体像、そして今できる対応について解説しています。

第1章では、亡くなった人（被相続人）の財産全体を調べ、相続税がかかる財産を洗い出し、相続税評価額で評価する方法を紹介しています。財産の評価方法を知っておくだけで、第4章で紹介する節税対策の知識も深まるでしょう。

第2章では、相続税のしくみ、税負担を軽くする特例や控除の使い方を紹介しています。こうした対策を知っておくだけで、不要な税負担を避けることができます。

第3章では、遺産分割協議の基本とルールについて解説しています。相続で思わぬトラブルに巻き込まれないためにも、最低限のルールを知っておいて損はありません。

第4章では、家族に財産を遺したいと考えている人が、生きている間にできる相続税対策を紹介しています。財産を持っている人は、次世代の相続人が苦労することのないよう、対策を講じておかれるといいでしょう。

ただ、相続の特殊なケース、たとえば「不動産が多く、地目（土地の利用区分）も多岐にわたる」「さまざまな種類の有価証券がある」など、細かなケースについては本書ではあえて触れていません。そのようなケースは、ご自身で対策を考えようとすると、税の過少・過大申告、申告モレなどが発生するリスクがとても大きくなるからです。

はじめに

本書を読んで、「自分で対応できそうだ」と感じた場合は、そうした特殊ケースではありませんので、ご自身で相続の手続きをされてもいいかと思います。

しかし、「この情報だけでは不安」と感じた場合は、プロの力を借りることも考えてください。本書を「専門家に依頼すべきかどうか」を判断するツールとしても使っていただければと思います。

みなさまが相続を悔いなく、そしてトラブルなく進められるよう、本書が助けになれば幸いです。

２０２４年２月吉日　円満相続を応援する士業の会

相続手続きの進め方

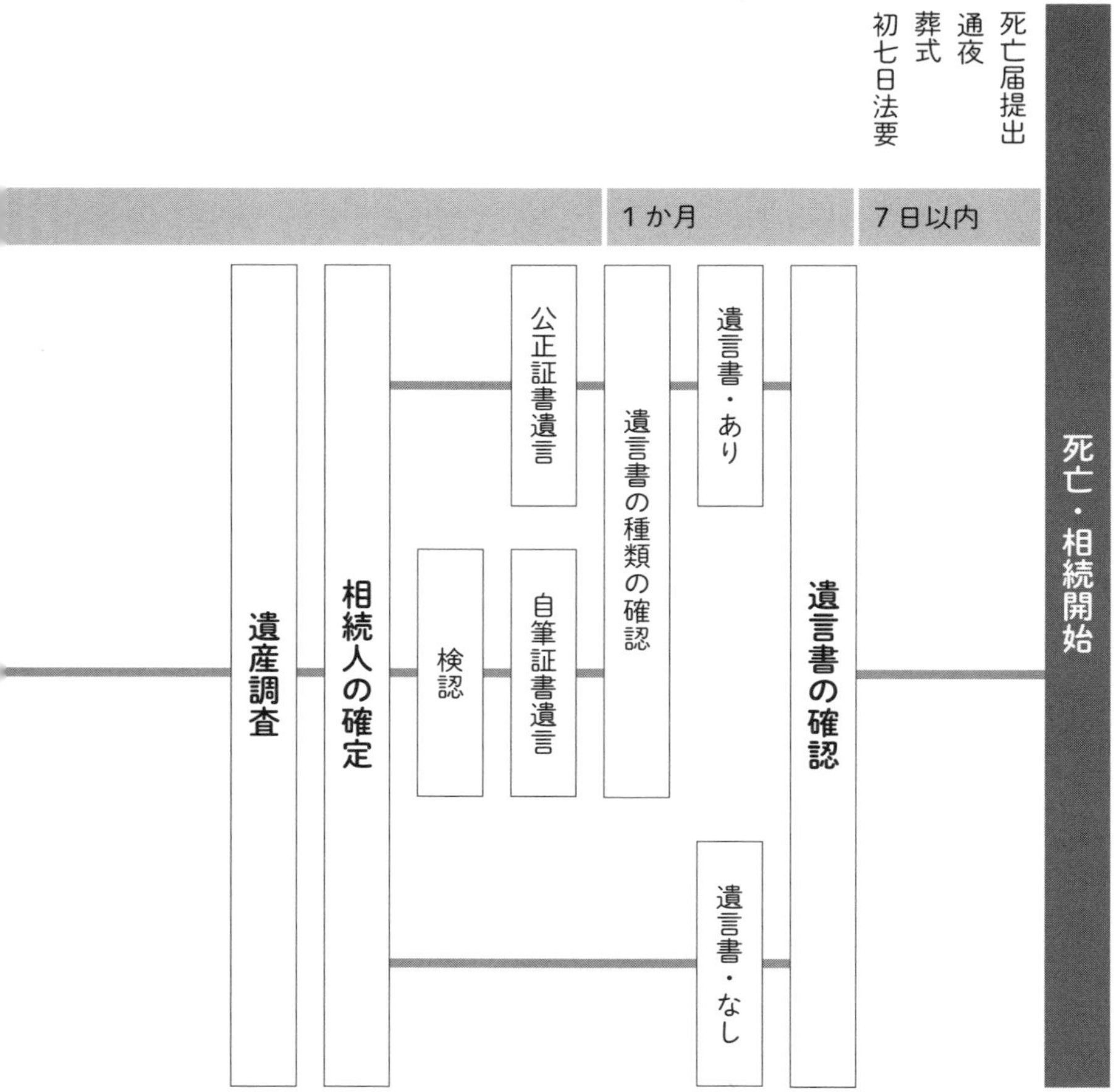
死亡・相続開始
死亡届提出
通夜
葬式
初七日法要
7日以内
1か月
遺言書の確認
遺言書・あり
遺言書・なし
遺言書の種類の確認
公正証書遺言
自筆証書遺言
検認
相続人の確定
遺産調査

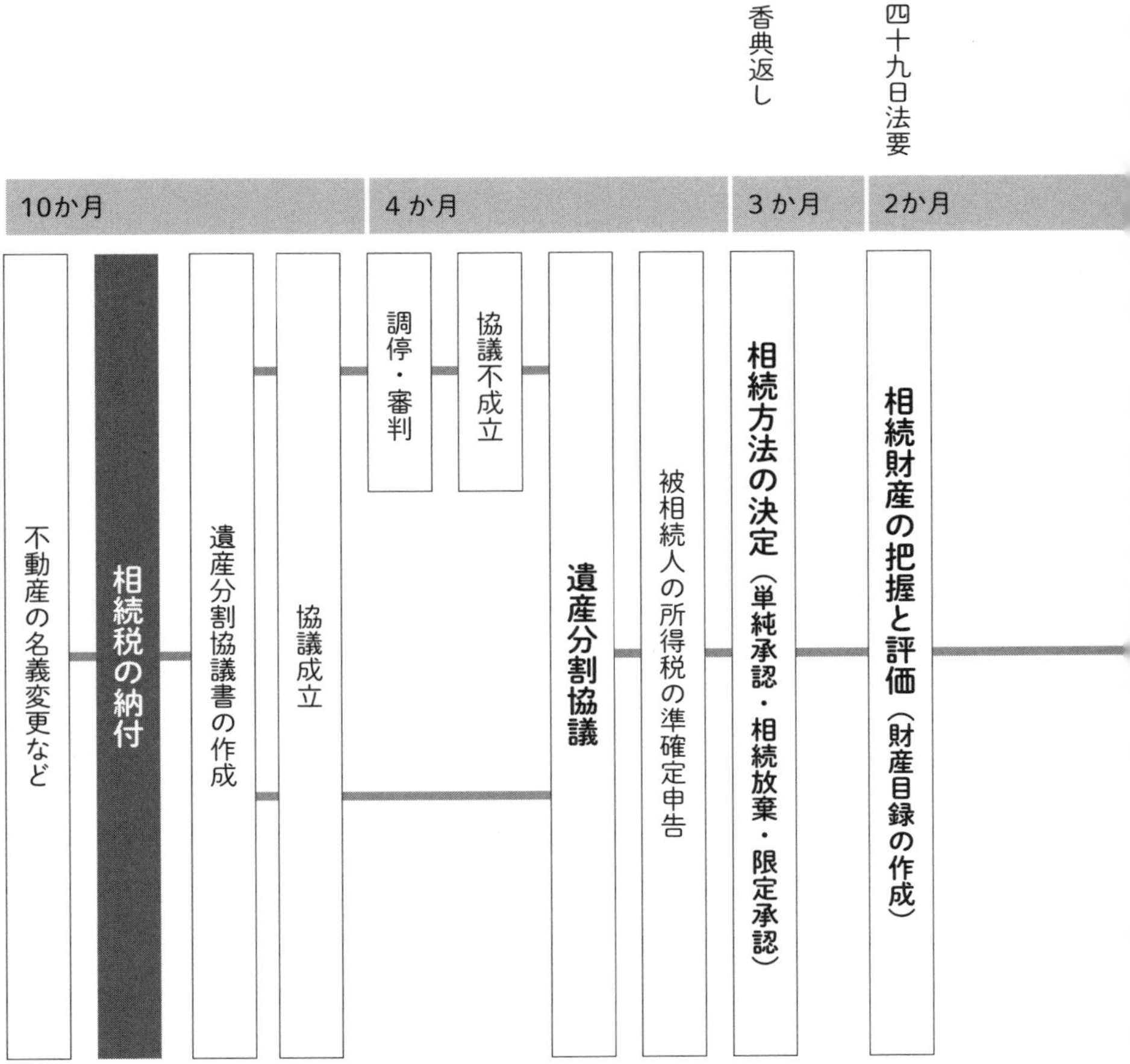
四十九日法要
香典返し
2か月
3か月
4か月
10か月
相続財産の把握と評価（財産目録の作成）
相続方法の決定（単純承認・相続放棄・限定承認）
被相続人の所得税の準確定申告
遺産分割協議
協議不成立
調停・審判
協議成立
遺産分割協議書の作成
相続税の納付
不動産の名義変更など

目次

はじめに 2
相続手続きの進め方 6

プロローグ
押さえておきたい相続と相続税の超・基本

Q 相続って何？ 14
Q 相続が始まったら何をする？ 16
Q 相続すると、どれくらい税金がかかる？ 18
Q 相続できるのはどんな人？ 20
Q 誰が「法定相続人」になる？ 22
Q 相続税を納めなくていいケースもある？ 25

第1章 相続財産の「価値」を理解する

相続財産には何がある？ 30
財産の評価方法① 土地の評価方法の種類 34
財産の評価方法② 土地評価の基本となる「自用地」の評価 38
財産の評価方法③ 貸していた土地の評価 45
財産の評価方法④ 新ルールでこう変わる 建物の評価 52
財産の評価方法⑤ 「価値の変化」に注意したい 有価証券の評価 57
財産の評価方法⑥ シンプルだが「管理」が肝心！ 預貯金の評価 65
財産の評価方法⑦ 高額でなければ後回しにしてもいい 一般動産の評価 74
財産の評価方法⑧ 非課税枠が利用できる 生命保険金の評価 77
財産の評価方法⑨ 相続税追徴リスクに要注意！ 債権の評価 80

財産の評価方法⑩　マイナスの財産の評価　82
トラブルを防ぐ　財産目録の作り方　86
column　非上場株式の評価について　88

第2章 相続税の「しくみ」に強くなる

3ステップでわかる　相続税の計算方法　90
相続税のしくみ①　土地の評価額を最大80％下げる　小規模宅地等の特例　96
小規模宅地等の特例の利用方法　101
相続税のしくみ②　税の二重徴収を防ぐ　贈与税額控除　107
相続税のしくみ③　配偶者のみが活用できる　配偶者の税額の軽減　113
相続税のしくみ④　扶養義務者にもメリットがある
障害者控除・未成年者控除　117
相続税のしくみ⑤　前回の相続から10年以内で使える　相次相続控除　123

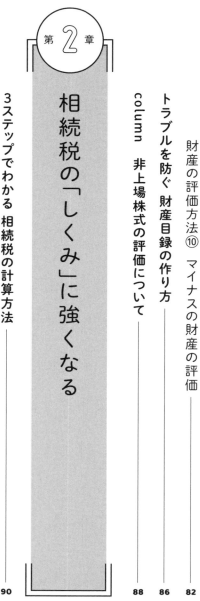

相続税のしくみ⑥ 「相続税」と「贈与税」の税率の違い 126
column 外国に資産がある場合（外国税額控除） 128

第3章 遺産分割の「ルール」を学ぶ

遺産分割の基本 130
遺産分割のルール① 遺産分割協議は相続人全員でおこなう 136
遺産分割のルール② 法定相続人に一定額の相続財産を保障する制度がある 139
遺産分割のルール③ 遺産分割の方法は4種類ある 144
遺産分割のルール④ マイナスの財産は引き継がなくてもいい 147

第4章

相続税対策の「王道」を知る

相続人の負担を減らすためにやっておきたい5つのこと ―― 154
相続税を減らす方法① 暦年贈与で相続財産を減らす ―― 160
相続税を減らす方法② 相続時精算課税制度で相続財産を減らす ―― 164
相続税を減らす方法③ 一括贈与で相続財産を減らす ―― 169
相続税を減らす方法④ 生命保険に入って非課税枠を手に入れる ―― 172
相続税を減らす方法⑤ 相続税を減らす7つの小ワザ ―― 176
column おしどり贈与とは ―― 182
相続税申告のための財産チェックリスト ―― 184
編集協力者プロフィール 円満相続を応援する士業の会 ―― 189

編集協力 松下喜代子　本文DTP 有限会社マーリンクレイン

プロローグ

押さえておきたい相続と相続税の超・基本

A

亡くなった人の財産の「権利」と「義務」の両方を引き継ぐこと

人が亡くなると、その人（被相続人）の財産は、所有者を失って宙ぶらりんの状態になります。相続とは、その財産の所有権を引き継ぐことです。

この「所有権を引き継ぐ」という行為には、２つの側面があります。１つは**権利を引き継ぐこと**、もう１つは**義務を引き継ぐこと**です。

権利を引き継ぐ人が不明確では、その財産から生まれる利得を手にするべき人が定まらず、争いのもとになります。

たとえば家屋のように、実質的な利益を生んでいなくても、そこに住むことができればそれが利得となります。権利を引き継ぐ人が不明確であれば、「私が住みたい」「いや、私が住むべき」と、争いを生みます。

■ 図1　人が亡くなると財産の所有権者を決める必要がある

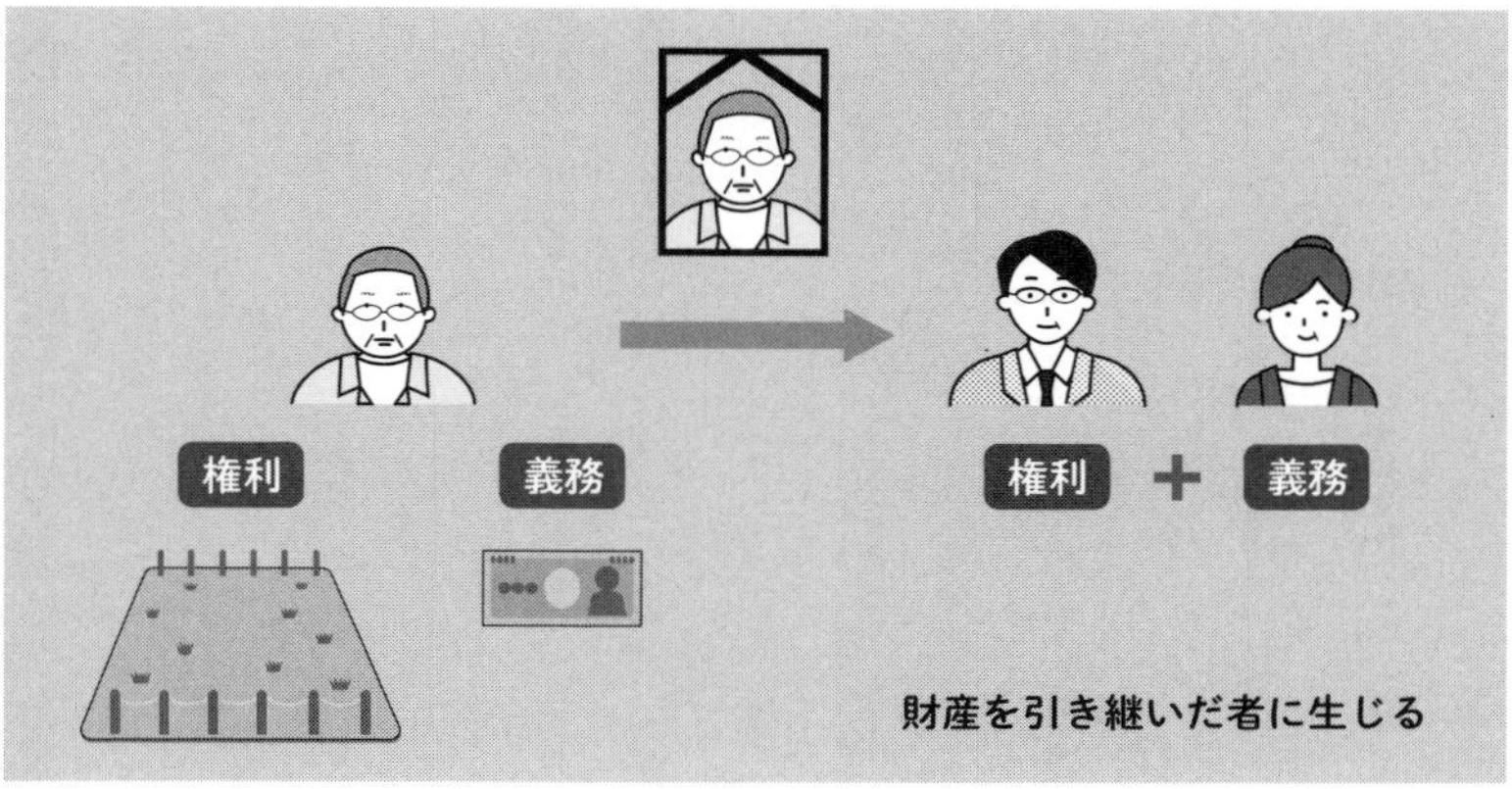

義務を引き継ぐ人が不明確な場合も、不動産のような税が発生する財産に対して、「誰が納税するのか」という問題が生じます。

また、財産の中に債務があった場合には、債務を返済する必要があります。義務を引き継ぐ人が不明確であれば、債権者は請求先がわかりません。亡くなった人の関係者全員を相手に、返済請求訴訟や強制執行を起こされるケースもあります。

注意しなければならないのは、**財産を相続する場合は、権利と同時に義務も生じるということです。**

財産の所在や所有権をあいまいにしたまま財産の所有者が亡くなると、さまざまな問題が生じます。トラブルなく相続を進めるためには、財産の整理をしたうえで、モレなくおこなうことが大切なのです。

A

さまざまな手続きが必要。期限を確認して着実に進める

相続するにあたっては、被相続人が遺した財産（遺産）を洗い出し、その価値すべてを**相続税評価額**に換算しなければなりません。その際、**法定相続人の確認**、**遺言書の有無の確認**も必須です。そのうえで、誰が、どの財産を、どれだけ相続するかをはっきりさせていく――。簡単に説明すると、これが相続の手順です。

相続自体には「いつまでに完了しなければならない」という決まりはありませんが、重要な手続きのいくつかは期限が法的に定められており、間に合わなければ損失を被ります。

そのひとつが**相続税の納付**です。

納税期限は、**相続の開始時（被相続人が亡くなった日）から10か月以内**と定められています。それまでに納税しなければ延滞税等が発生し、特例の適用を受けられないこともあります。

税務署が相続税の計算をして納付書を送ってくれるわけではないので、相続する人が計算して税を納付しなければいけません。特例や控除を知らずに申告をしても税務署は教えてくれないので、場合によっては損をする可能性があります。自分で相続税申告をする人もいますが、税理士に依頼する場合も少なくありません。

また、相続人が、被相続人の権利と義務の引き継ぎを拒否する「相続放棄」を選ぶ場合には、手続きの期限があります（債務の返済義務を負いたくなければ、相続放棄を考慮する必要がある）。

こちらは、**相続開始を知ってから3か月以内**に、家庭裁判所へ手続きをしなければなりません。「知ってから」とは、厳密には「自分が相続人になったと知ったときから」という意味で、実務上は、被相続人の戸籍上の死亡日が「知ったとき」とされています。

これらの点を含め、相続では相続人によるさまざまな手続きが求められます。

そのため、相続に関する情報収集をし、計画的にこなさなければならないのです。

A

遺産総額によって納付税額が決まっており、相続人で分け合って納める

被相続人の遺産を引き継いだ人（相続人）は、その**取得した財産**に対して、**相続税**が課されます。つまり、遺産から税金が自動的に差し引かれるのではなく、遺産を**引き継いだ人が税金を納めなければならない**のです。

相続税額を計算するには、さまざまな種類の遺産をすべて相続税評価額で評価したあと、相続税のかからない財産の除外や基礎控除（非課税枠）などの処理をおこないます。こうして出した**課税遺産総額**に応じて、**相続税の総額**を計算します。相続人は、この相続税の総額を、実際に**取得した財産の割合に応じて分け合って（按分《あんぶん》）**納付します（くわしくは第2章参照）。

たとえば、相続人のAさんが遺産の2分の1を相続した場合、相続税も、相続税の総額の2分の1を納めることになります。別の相続でAさんと同じ金額の遺産を相続した人がいても、正味の遺産額や取得した財産の割合が異なれば、納付税額は異なります。

■ 図2　相続税の計算の流れ

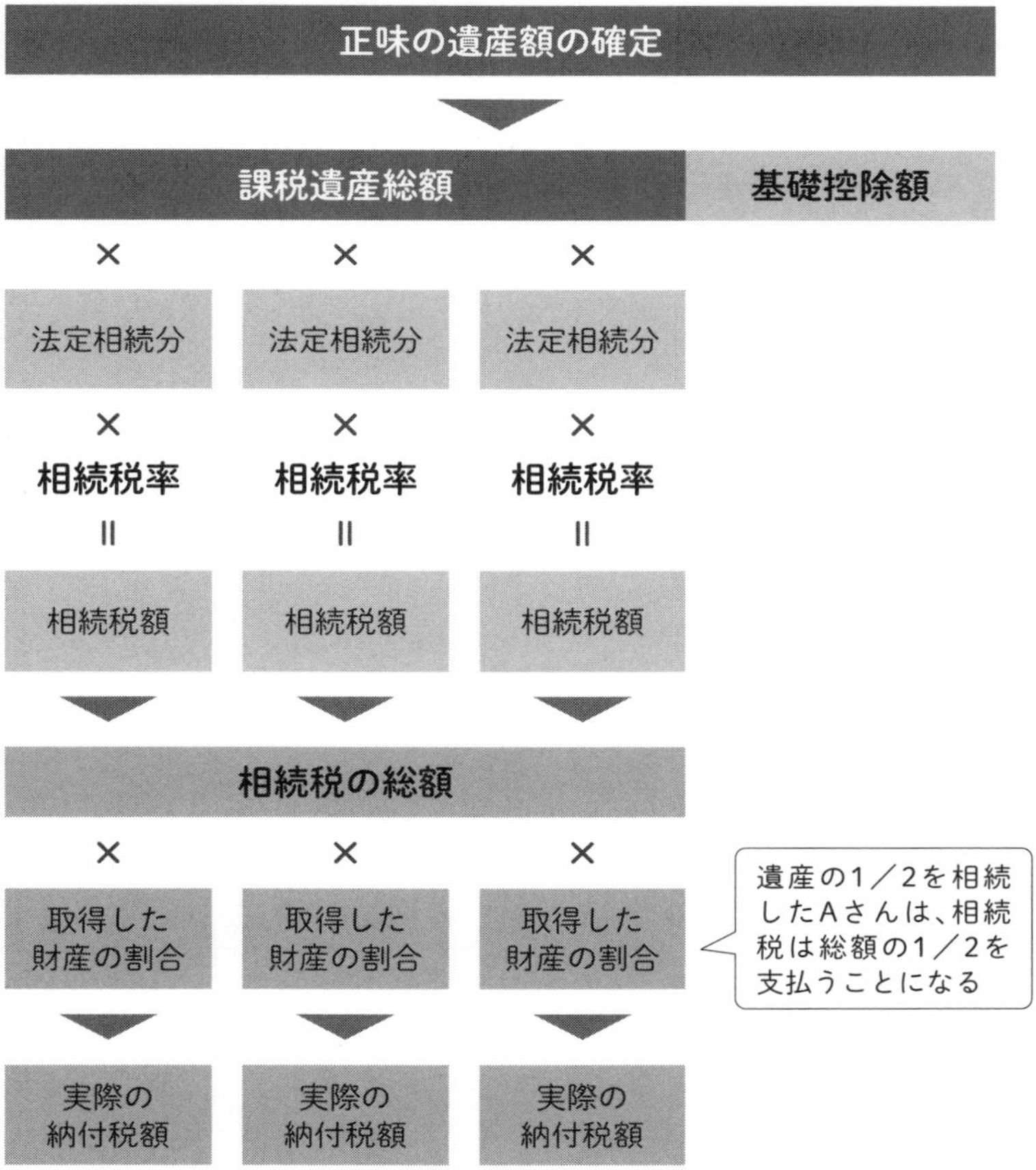

A

遺言書で指名された人、または遺産分割協議で決まった人

遺産は、**被相続人が遺言書で指名した人**、あるいは**遺産分割協議で決まった人**が相続できます（くわしくは第3章参照）。

ただし税制上は、民法が定める相続人（法定相続人）が引き継ぐ場合を「**相続**」、それ以外の人が引き継ぐ場合を「**遺贈**《いぞう》」と定めて、別のものとして扱います（本書では、相続と遺贈を合わせて、広義で相続と呼ぶ）。

相続と遺贈の大きな違いは、**遺贈には相続税が2割加算される**という点です。

日本の民法は明治期に制定されたものがベースになっており、相続を「家の財産の存続」ととらえます。そのため、被相続人の子どもが相続するケースを基本とし、それ以外の人が財産を受け取る場合は税が重くなっているのです。こうした観点から、法定相続人でも、**被相続人の孫養子**、**兄弟姉妹**、**甥・姪**は、2割加算の対象となります。

■ 図3　相続税の2割加算とは

相続税の総額 × 取得した財産の割合 − 税額控除 ＋ 2割加算等
＝実際の納付税額

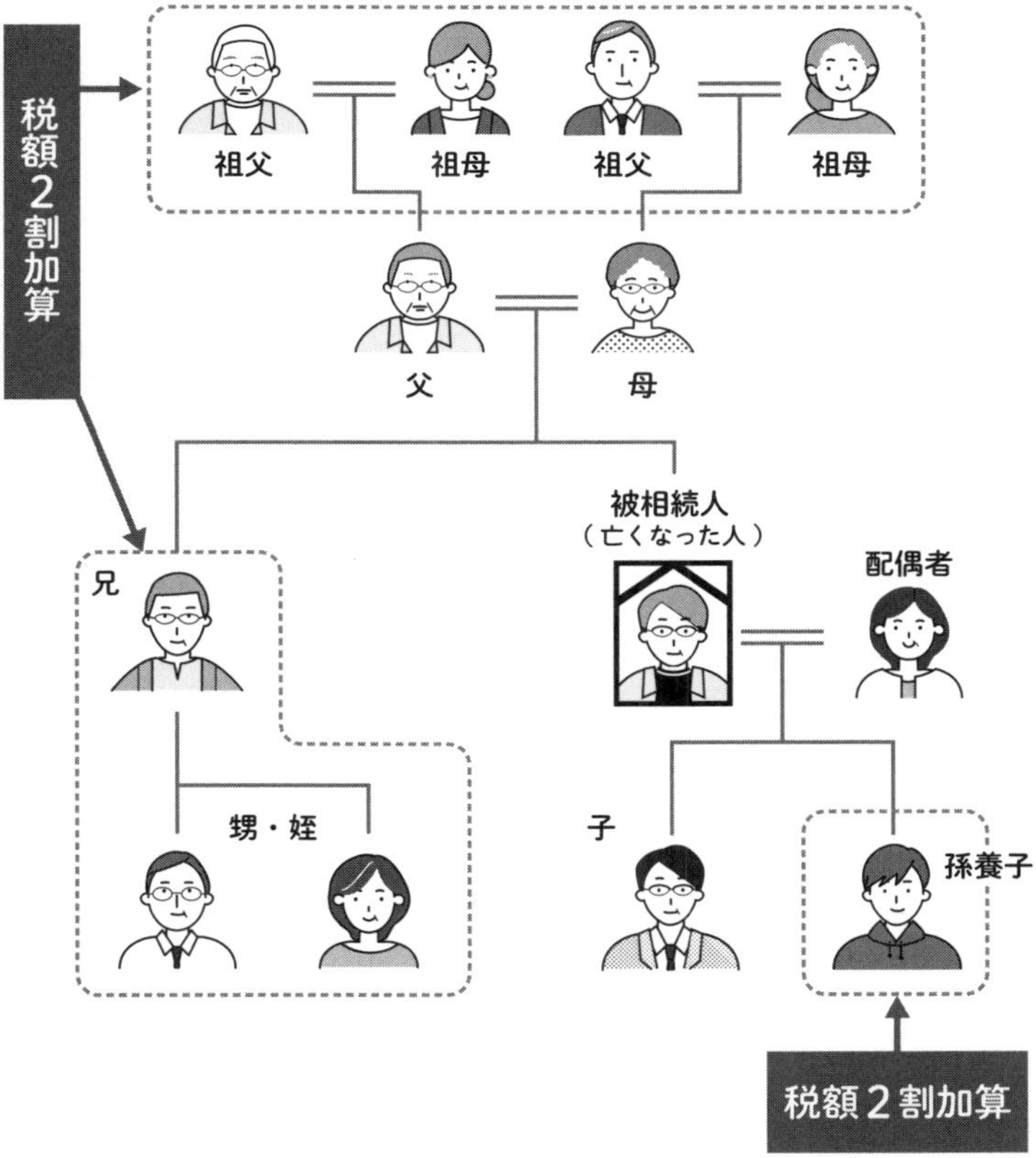

A

配偶者は必ず法定相続人となり、血縁者で優先順位が決まっている

民法では被相続人の血縁者および配偶者の相続権を認めています。これを**法定相続人**といいます。法定相続人には**法定相続分**の遺産を得る権利があります（くわしくは第3章参照）。

法定相続人を調べることは、相続手続きを進めるうえではとても重要です。その理由は、1つには、**遺言書による相続手続きや遺産分割協議で法定相続人全員の合意が必要となるため**、もう1つは、**相続税の基礎《きそ》控除《こうじょ》（非課税）の額が法定相続人の人数によって決まるため**です。

被相続人の**配偶者**は必ず法定相続人になります。血縁者では、第1順位が**子ども**（直系卑属）、第2順位が**親**（直系尊属）、第3順位が**兄弟姉妹**です。

相続開始時に亡くなっていた人、欠格事由のある人（※注1）、廃除された人（※注2）、相続放棄をした人は法定相続人にはなりません。ただし、相続放棄のケースを除き、その人に子どもがいれば、その子が代わって相続権を得ます（**代襲《だいしゅう》相続《そうぞく》**）。

■ 図4　法定相続人とは

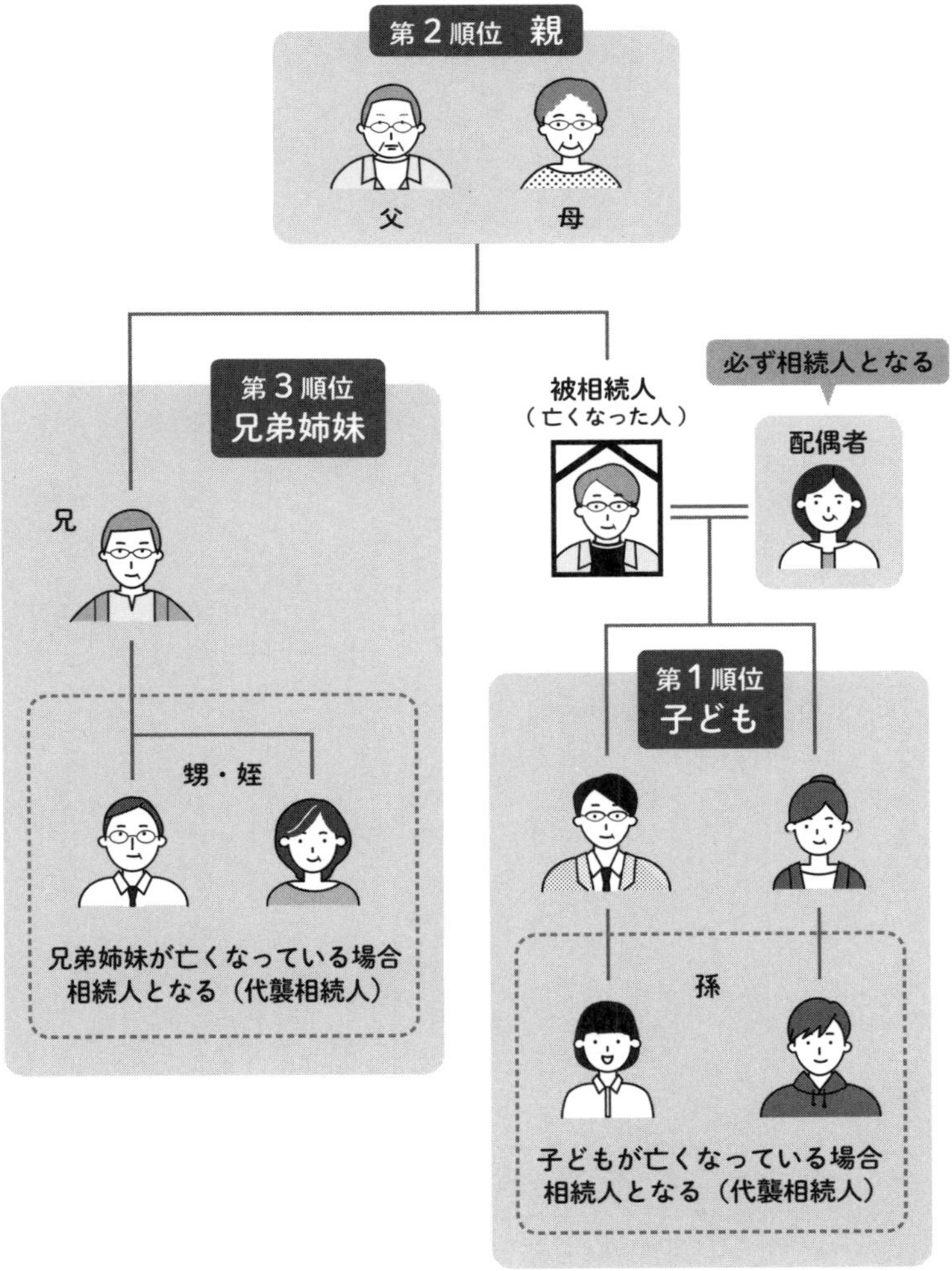
第2順位　親
父
母
必ず相続人となる
被相続人
（亡くなった人）
配偶者
第3順位
兄弟姉妹
兄
甥・姪
兄弟姉妹が亡くなっている場合
相続人となる（代襲相続人）
第1順位
子ども
孫
子どもが亡くなっている場合
相続人となる（代襲相続人）

第1順位の人が誰もおらず、代襲相続人もいない場合には第2順位の人に、第2順位の人が同様ならば第3順位の人に、順に相続権がまわっていきます。

法定相続人は相続が自分の望まぬかたちになった場合は、配偶者もしくは兄弟姉妹を除いた二親等以内の血族であれば、法律上確保された最低限度の財産（**遺留分**）を請求できます。

※注1　故意に被相続人を死亡に至らせる（未遂も同）、詐欺や脅迫によって遺言書を作らせるといった犯罪行為をおこなうこと。法律で相続人としての地位を失う。

※注2　被相続人を侮辱したり著しい非行などがあったりした場合に、被相続人が自発的に相続権を失わせる。遺言で廃除の意思表示もできる。

A　相続財産の総額が基礎控除内に収まれば納税は不要

相続税はすべての相続財産に課されますが、「一定の金額までは相続税がかからない」という**基礎控除**が設けられています。

基礎控除の額は、法定相続人の人数で決まります。そのため、基礎控除の額の計算においては、法定相続人の特定が重要になります。

相続財産が基礎控除の額を超えれば、その分に対して相続税が課されます。基礎控除内に収まれば納税の必要はなく、税の申告も不要です。

また、相続人の納税の負担を減らすことを目的に設けられた**税額を軽減する制度**（税額控除）や**特例**（小規模宅地等の特例など）を適用すれば、相続税を低く抑えることができます（くわしくは第2章参照）。また、遺産に現金・預金が少なく、相続税の納付が困難なケースに対する特例もあります。

２０２３年の国税庁の発表によると、相続税の課税割合は、全体の９・６％です。つまり、９割以上は納税しないで済んでいます。

とはいえ、「お金持ちではないので相続税は納めなくていいと思っていたら、相続税申告が必要だった！」と相続開始後に慌てる人もいます。

相続の段階で慌てないためにも、財産を遺す側の人は生きている間に相続の知識を身につけ、備えておくことが大切なのです。

■ 図5　基礎控除額の計算方法とさまざまな控除と特例

基礎控除額の計算式

3,000万円＋（600万円×法定相続人の数）

法定相続人2人が相続する場合

基礎控除額 3,000万円＋600万円×2人＝4,200万円

【相続財産：5,000万円】

相続財産の総額　基礎控除額

5,000万円 － 4,200万円 ＝ 800万円

相続税が課される

【相続財産：3,000万円】

相続財産の総額　基礎控除額

3,000万円 － 4,200万円 ＝ －1,200万円

相続税が課されない

法定相続人の数が同じでも相続財産の総額が違うと納税額が変わる！

控除

財産の総額からの控除

基礎控除

相続税額からの控除

贈与税額控除

配偶者の税額の軽減　　相次相続控除

障害者控除・未成年者控除

財産の評価での特例

小規模宅地等の特例

非上場株式の相続税の納税猶予

農地の相続税の納税猶予

非課税限度額のある財産

生命保険金

死亡退職金

第1章

相続財産の「価値」を理解する

相続財産には何がある？

「相続財産」とは、亡くなった人（被相続人）が死亡日の時点で所有していた有形無形の財産を指します。ただし、相続税の対象となるのは、そのうち**換金可能な財産に限られます**。具体的には図6の①になります。

相続税の申告には、さまざまな種類の財産を一度すべて時価に評価し直す必要があります。時価で評価できない財産、つまり、**売買市場がない、売れない財産は、課税対象になりません**。

相続の第一歩は、被相続人の遺産から換金可能な財産をすべてリストアップし、時価に換算することです。財産の評価は、被相続人が亡くなった日時点の価値でおこなうのが原則です。身の回りの品（家財）などの評価額が1点5万円を超えないものは、例外的に「家財一式」として、まとめて評価してよいことになっています。

そのほか、被相続人が保有していた免許や資格類（医師免許や弁護士資格など）は、それで利益を

■ 図6　相続財産となるもの・ならないもの

相続税がかかる財産（プラスの財産）

①本来の相続財産

- 不動産（土地、建物、山林の立木など）
- 有価証券（上場株式、債券、投資信託など）
- 債権（貸付金、会員権など）
- 現金
- 預貯金
- 一般動産（自動車、農機・工作機械・重機、金地金、書画・骨とうなど）

②みなし相続財産

- 生命保険金（死亡保険金）
- 死亡退職金
- 遺言で返済を免除された債務
- 遺言による低額の譲り受け
- その他のみなし相続財産（個人年金の継続受給権、信託受益権など）

③特定の贈与財産

- 被相続人から受け取った相続開始前7年以内*の贈与財産（暦年贈与を活用した場合）
- 被相続人から受け取ったすべての贈与財産（相続時精算課税制度を活用した場合）

※2026年12月31日までに発生した相続についての加算対象期間は3年以内
※2027年1月1日から2030年12月31日までに発生した相続についての加算対象期間は3〜7年以内
※2031年1月1日以降に発生した相続についての加算対象期間は7年以内

相続財産から差し引くことができる財産（マイナスの財産）

- 債務（ローン、負債）
- 葬式費用

相続財産とならないもの（非課税財産）

- 日常的な礼拝物（墓地や墓石、仏壇、仏具、神を祀る道具）
  ※投資目的や売買目的のものは課税対象
- 公益事業用財産
- 心身障害者扶養共済制度の給付金の受給権
- 生命保険金の非課税部分（500万円×法定相続人の数）
- 死亡退職金の非課税部分（500万円×法定相続人の数）
- 国・地方公共団体・公益事業への寄付・信託
  （相続税の申告期限までにおこなった場合）

得ていたという点で一種の財産といえます。しかし、これは被相続人の技能に与えられた資格で、他の人が引き継ぐことはできません。換金もできないので、相続財産にはなりません。

被相続人が亡くなったときに所有していない財産は、民法では相続財産に当たりませんが、相続税の計算上、加えなければいけないものがあります。これを**みなし相続財産**といいます。みなし相続財産には生命保険金や死亡退職金があり、被相続人の遺産を調べても見つからないケースも多いので注意が必要です（生命保険契約の調べ方は77ページ参照）。

「プラスの財産」から、「マイナスの財産」と「非課税財産」を引いた残りが、「正味の遺産額」となります。

本書の巻末には相続財産のチェックリストを用意しています。相続財産のリストアップをするときに、ぜひ活用してください。

■ 図7　正味の遺産額とは

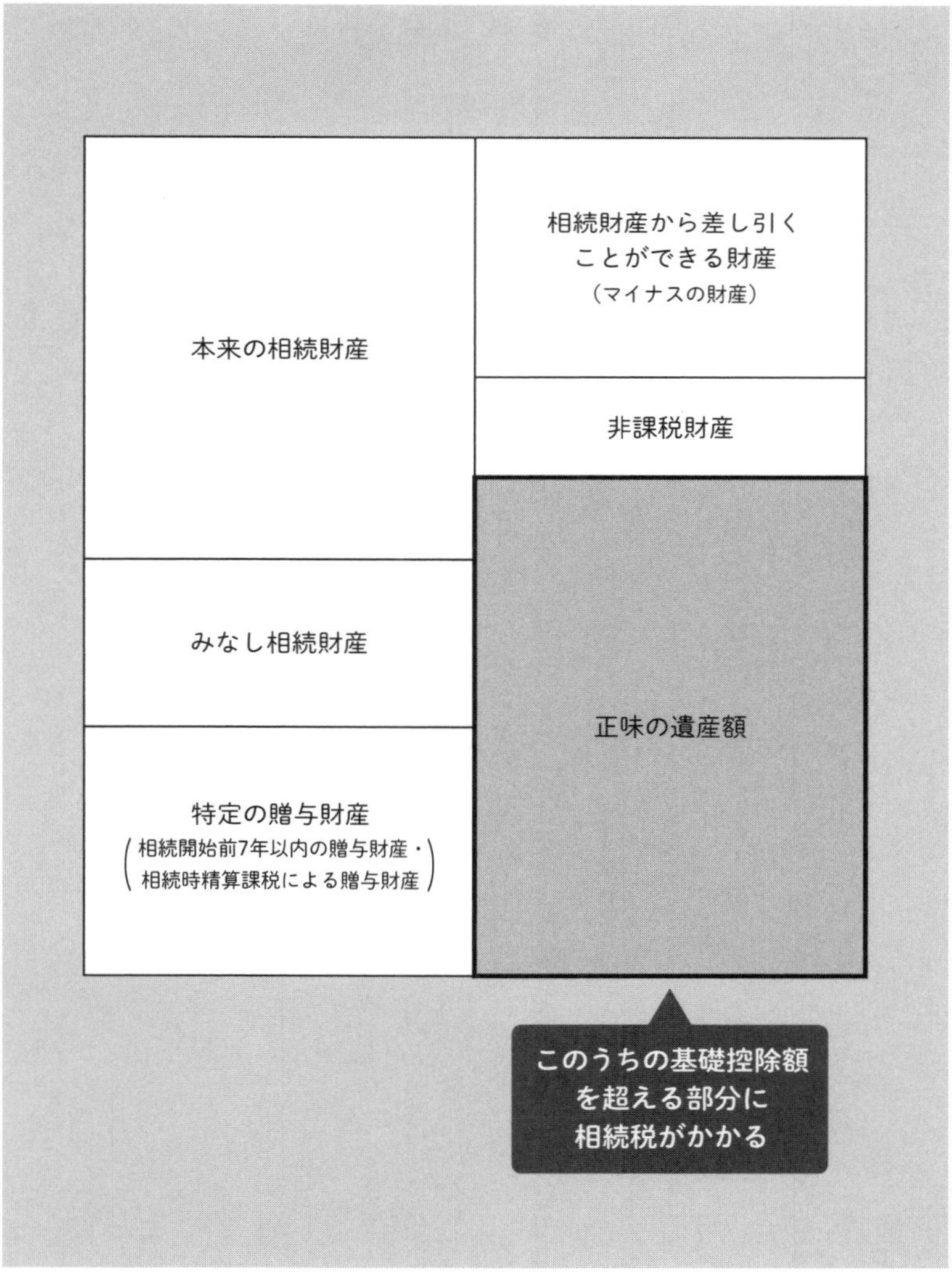
相続財産から差し引くことができる財産
（マイナスの財産）
本来の相続財産
非課税財産
みなし相続財産
正味の遺産額
特定の贈与財産
（相続開始前7年以内の贈与財産・相続時精算課税による贈与財産）
このうちの基礎控除額を超える部分に相続税がかかる

財産の評価方法①

土地の評価方法の種類

相続税は、財産の価値（**評価額**）が高いほど税負担が重くなる可能性が高まります。なかでも、不動産、特に土地は高額なため、その価値は相続税の納付額に大きく影響します。

相続における土地の評価方法は、大きく2つあります。1つは、**国が公表している数値をもとに計算する方法**、もう1つは、**市場の実勢価格をもとに計算する方法**です。

前者は、評価の指針として、国税庁が公表している「財産評価基本通達」を使います。「通達」と称するように、法律ではないので法的拘束力はありません。

しかし実務上、かなり特殊なケースを除いて、**相続における土地評価は財産評価基本通達をもとにした評価になります**（**くわしくは次項参照**）。

■ 不動産鑑定士に評価してもらうケース

市場の実勢価格を参照して計算する方法には、不動産鑑定士に評価してもらうケースと、相続後に土地を売却し、その売却価格で申告するケースがあります。

こうした方法を選ぶ場合、**財産評価基本通達の定めにより、次のような「特殊なケース」であることを、国（国税庁）に納得させる根拠**が必要となります。

- 建築基準法上の道路ではないのに路線価がついている
- 近隣と比べて、路線価が明らかに不合理
- 借地権等の権利関係がややこしい
- 地中に埋蔵物がある

……など

こうした土地は、財産評価基本通達による評価よりも、不動産鑑定士に鑑定してもらうほうが評価額が低くなることがあります。

ただし、土地の評価には鑑定報酬が別途かかるので（数十万円～百万円くらいかかるケースもある）、**それに見合うだけ相続税を減らせなければ、かえってコスト高になる**という点も、考慮に入れなければなりません。

さらには、不動産鑑定士による鑑定評価が、税務署に必ずしも認められるとは限りません。過去の判例では、認められなかったケースが少なからずあります。

■実際の売却価格で申告するケース

相続した土地を申告期限までに売却し、その売却価格が財産評価基本通達に基づく評価額よりも低ければ、そちらを評価額として申告したほうが相続税はおさえられます。

しかし、早急に売却しなければならない特別な事情がなく、「節税するために売り急いだ」と税務当局に判断された場合は、申告額をとりあげてもらえない可能性があります。

同様に、親族へ安く売却するなどの、通常の経済取引でない場合も、税務当局から認められない可能性があります。

売却価格が評価額として認められるためには、次の条件を満たしていることがポイントとなります。

・売却先が第三者である（親族ではない）
・売却価格が近隣の実勢価格に近い
・売り急ぎをしていない
・相続開始時と売却時が近い（売却価格に差が出ない）

ただし、これらをすべて満たしていても、申告を認められないケースは多々見受けられます。
こうした事情を照らし合わせると、**国税庁の財産評価基本通達に従った評価額があまりに実勢価格と異なる場合のみ、実勢価格をもととする評価額の採用を検討したほうがいい**といえます。

なお、売却価格が財産評価基本通達の評価額より高かった場合は、**財産評価基本通達の評価額を用いてかまいません。**

財産の評価方法②

土地評価の基本となる「自用地」の評価

土地の評価は、被相続人自らが使っていた土地かそうでないかによっても、評価が変わります。ここでは、被相続人自らが使っていた土地（**自用地**）の評価方法について解説します。

他人に貸していた土地も、まずは自用地の評価をしてから、さまざまな条件を加えます。土地の評価方法の基本として、自用地の評価方法を知っておくといいでしょう。

国税庁の財産評価基本通達による土地の評価には、**路線価方式**と**倍率方式**の2つがあります。計算式は図8のとおりです。

■ 路線価方式とは？

国が設定している価格（**相続税路線価**）に基づいて相続税（および贈与税）を評価するのが「路線

■ 図8　路線価方式と倍率方式

路線価方式　**相続税路線価×補正率×土地の面積**

相続税路線価の調べ方（国税庁サイト）

年度→都道府県名→路線価図→市区町村名→路線価図ページ番号
数字が「路線価」、アルファベットが「借地権割合」

〈路線価図〉　※補正率は国税庁サイトの「調整率表」で確認できる

借地権割合の適用範囲

借地権割合
（路線価の右に表示）

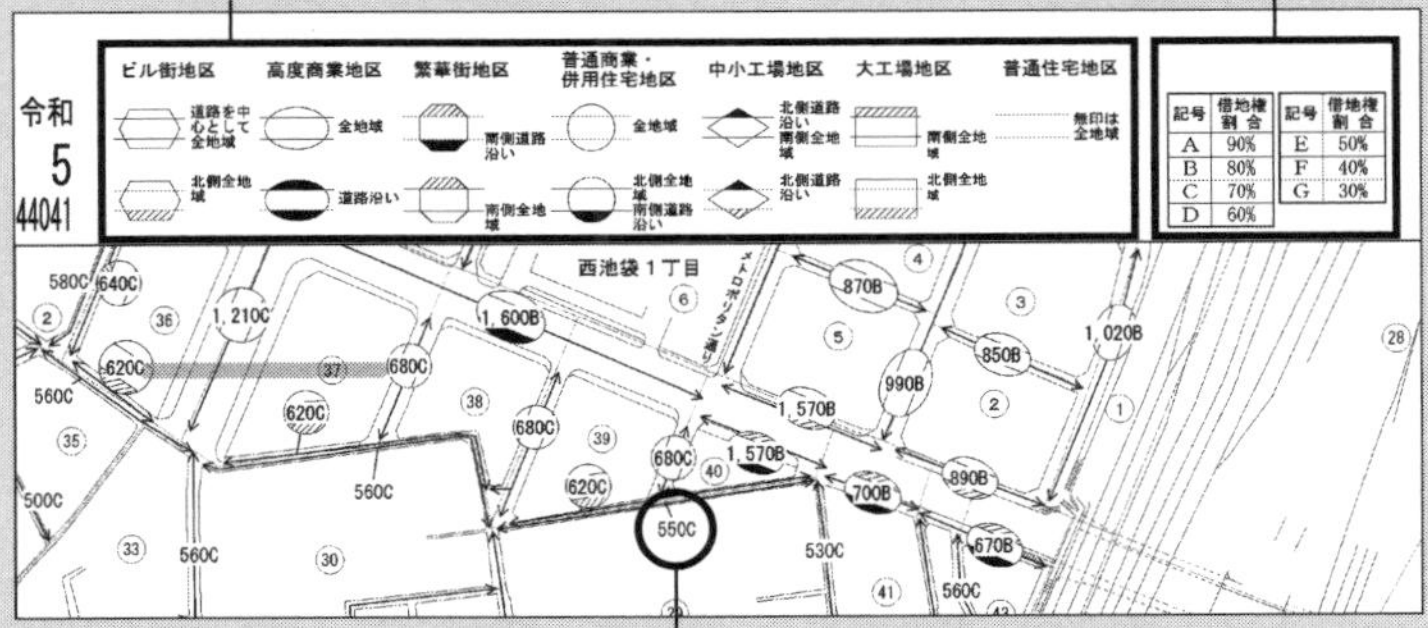

1㎡当たりの価額を千円単位で表示。
「550C」は1㎡当たりの路線価が55万円で、借地権割合が70%であることを示す

倍率方式　**固定資産税評価額×評価倍率**

評価倍率の調べ方（国税庁サイト）

年度→都道府県名
→評価倍率表（「一般の土地等用」「大規模工場用地用」「ゴルフ場用地等用」から選ぶ）→市区町村名

路線価図・評価倍率表（国税庁）
https://www.rosenka.nta.go.jp/

価方式」です。

公示価格（国土交通省が発表している土地の価格）をもとに、1㎡当たりの価格が各道路に設定されています。道路に面した土地の面積（地積）を相続税路線価と掛けあわせることで、土地の評価額を計算するしくみです。

相続税路線価は国税庁が公開しており、ネットで調べることができます（「財産評価基準書　路線価図・評価倍率表」）。地積は土地の登記事項証明書や地積測量図（法務局が管理）などで調べられます。

■路線価方式における補正率

もっとも、多くの土地にはその土地ならではの事情があります。路線価と地積だけでは土地の適正な価値が導き出せないことも多いので、補正をかけるしくみになっています。これが、図9の**補正率**です。

道路に二面以上面している土地には、価値を高く評価する（加算）補正がかけられます。

一方、極端に奥行が長かったり短かったりする、形がいびつである、急斜面（がけ地）になっ

■ 図9　路線価の補正の種類

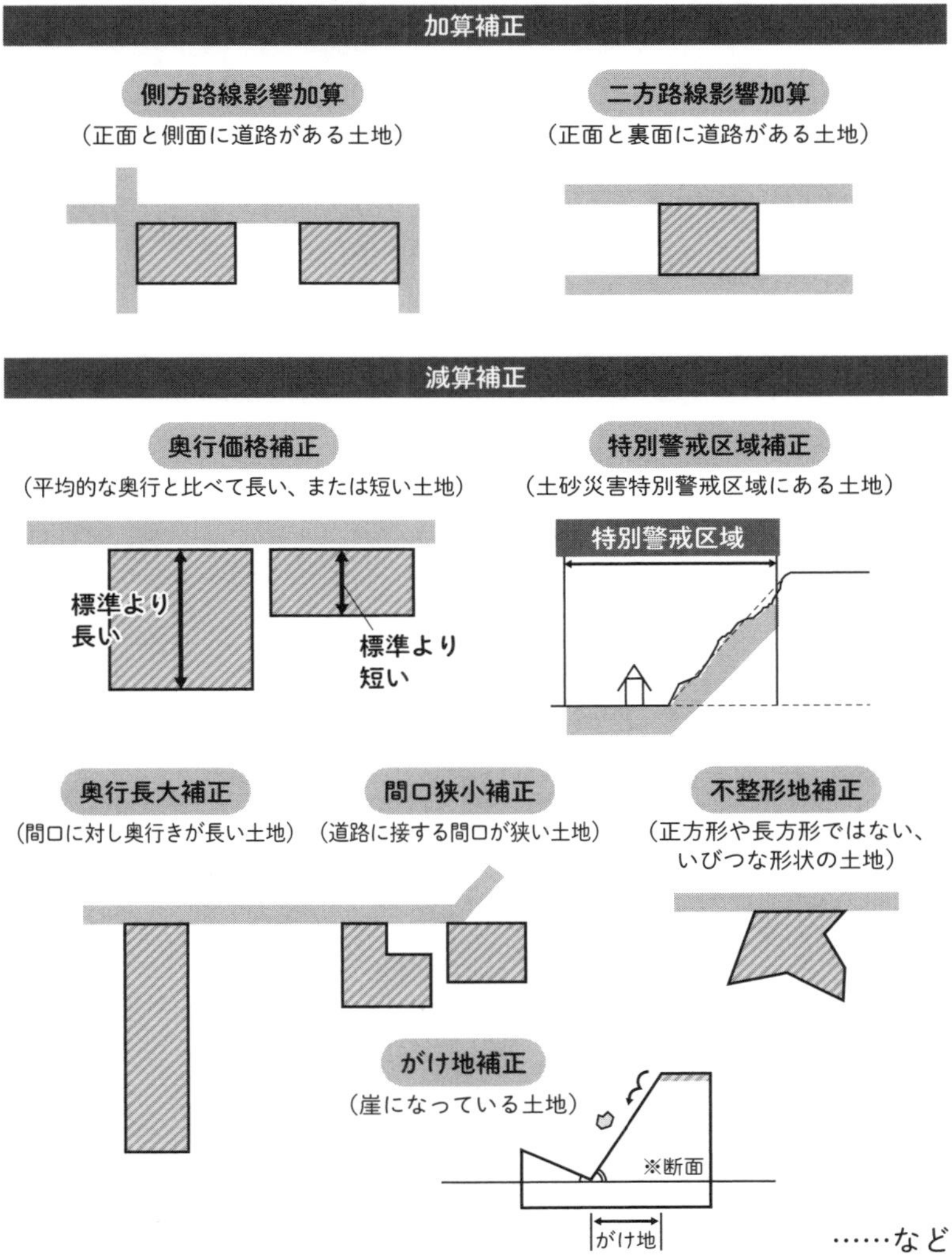
加算補正
側方路線影響加算
（正面と側面に道路がある土地）
二方路線影響加算
（正面と裏面に道路がある土地）
減算補正
奥行価格補正
（平均的な奥行と比べて長い、または短い土地）
標準より長い
標準より短い
特別警戒区域補正
（土砂災害特別警戒区域にある土地）
特別警戒区域
奥行長大補正
（間口に対し奥行きが長い土地）
間口狭小補正
（道路に接する間口が狭い土地）
不整形地補正
（正方形や長方形ではない、いびつな形状の土地）
がけ地補正
（崖になっている土地）
※断面
がけ地
……など

ているといった土地には、価値を低く評価する（減算）補正がかけられます。

また、面積が著しく広く、開発して道路などをつくらなければならないような使えない部分が生まれる土地にも、価値を低く評価する補正がかけられます。

このほかにも、土地の形状に応じたさまざまな補正があります。

■倍率方式とは？

路線価方式の問題点は、**市街地を通る主要な道路しか評価の基準に設定されておらず、対象にならない道路がある**ということです。対象にならない道路に面した土地は、路線価方式では評価できません。

このような路線価が定められていない地域の土地を評価するときに用いられるのが、固定資産税評価額に基づいて評価する「倍率方式」です。

固定資産税評価額は、固定資産税が徴収される不動産すべてに設定されているので、路線価方式では評価できない土地も評価することができます。

固定資産税評価額は、毎年徴収される固定資産税の計算で使用されるもので、一世代で1回だけ徴収される相続税路線価に比べ、低めに設定されています。地域によって違いはありますが、公示価格の70％程度になっています。

これを相続税評価額に用いるには、国税庁が定める評価倍率を掛けあわせて、公示価格に近づける処理が必要となります。評価倍率は、路線価と同じく、「財産評価基準書 路線価図・評価倍率表」から、該当する地域のものをあてはめます。なお、固定資産税評価額が見直されるのは3年に1度となっています。

■固定資産税評価額は課税明細書でわかる

固定資産税評価額は、毎年1月1日時点の不動産所有者のもとに届く**固定資産税の課税明細書で確認できます。**固定資産税の課税明細書は、被相続人が所有していた不動産（土地・建物）の全容を知る貴重な資料となるので、探しておくことをおすすめします。

課税明細書のほか、市区町村役場に行けば固定資産評価証明書を取得でき、**固定資産課税台帳（名寄帳《なよせちょう》）**でも確認できます。ただし、**各役場が管理しているのは、その市区町村内にある不動産のみ**です。被相続人が亡くなったあとでは、どこにどんな不動産を持っていたのか、わからなくなるケースも少なくありません。その場合は、固定資産税の課税明細書を手がかりにして、所有していた不動産を確認する必要があります。

ただ、なかには固定資産税の課税明細書からもモレる不動産があります。

たとえば、入会地などの、**多くの人が共有している不動産**は、課税明細書で記載が省略されることがあります。

また、**評価額が30万円未満の不動産**は、固定資産税が課されません。固定資産税がかからなければ、土地を保有していること自体が忘れられてしまい、相続税の財産目録からモレてしまいがちです。

このほか、私道は固定資産税が課されませんが、相続税では、行き止まりになっている私道は課税対象となります。

申告モレを防ぎたい場合は、名寄帳で確認するのが確実です。固定資産税が課されていない不動産、共有名義の不動産については、名寄せしてもらうとよいでしょう。

財産の評価方法③

貸していた土地の評価

被相続人が他人に貸していた土地は、自用地として評価したあとに、**借地権割合などの条件を加えて評価額を計算**します。

賃貸していた土地は、大きく次の2種類に分けられます（田畑や山林、特殊な土地を除く）。

・貸宅地《かしたくち》（被相続人名義の土地を他人に賃貸していて、そこに他人名義の建物が建っている）
・貸家建付地《かしやたてつけち》（土地・建物とも被相続人名義で、その建物を他人に賃貸している）

貸宅地と貸家建付地では、土地の所有者はどちらも被相続人ですが、土地の上の建物の所有者が異なります。

土地の上に建物が建っている場合は、**土地と建物はそれぞれ分けて評価します。**

■「借地権割合」と「借家権割合」

被相続人が貸していた土地の評価には、土地の**借地権割合**と**借家権割合**が必要になります。

土地の借り主が**土地**を利用する権利を**借地権**といいます。貸宅地の評価は、「貸し主と借り主の間の、土地を利用する権利の割合」を考慮し、計算します。要は、**借り主が持っている権利の分（借地権割合）を差し引いて計算する**わけです。

一方、建物の借り主が**建物**を利用する権利を**借家権**といいます。借地権と同じく、建物を利用する権利を貸し主と借り主で分け合っているので、**借り主の権利の分（借家権割合）を差し引きます**。なお、他人に無料で土地を貸している場合や、その土地にかかる固定資産税等に比べてきわめて安価に土地を貸している場合は、自用地の評価額になります。

■貸宅地の評価額の計算方法

貸宅地の評価額の計算方法は、図10の通りです。

■ 図10　貸宅地の評価額の計算方法

貸宅地の評価額の計算式

自用地評価額 ×（1 − 借地権割合）

※権利全体（1）から、借り主の権利の分を差し引く

※借地権割合とは、借りている土地における借地権に相当する割合

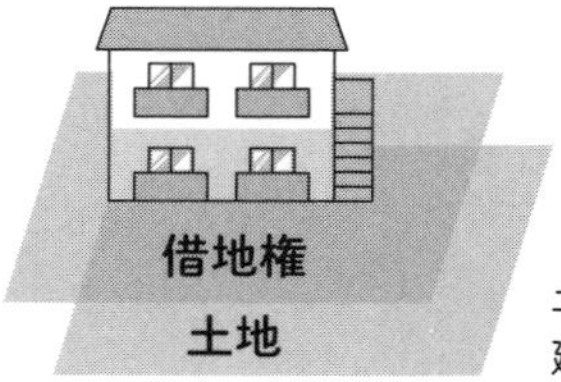

土地＝被相続人
建物＝他人

自用地評価額　借地権割合

例　1億円 ×（1 − 70%）＝ 3,000万円

借地権割合分だけ評価額は減る

定期借地権等の評価明細書（国税庁が公開）

https://www.nta.go.jp/taxes/tetsuzuki/shinsei/annai/hyoka/annai/1470-07.htm

借地権割合のうち、普通借地権（通常の賃貸）については、国税庁が地域ごとに設定しており、「財産評価基準書 路線価図・評価倍率表」で調べられます。

一方、決められた期間が過ぎれば借りている土地を持ち主に返さなければならない契約（定期借地権）の土地は、評価方法がやや複雑です。

定期借地権契約は、契約更新ができず借り主の権利が弱いため、貸し主から見た場合、評価額は普通借地権のものより高くなります。

国税庁が公開している「定期借地権等の評価明細書」に、項目どおりに数値を入力すれば計算できます。その項目にある「基準年利率による複利年金現価率」も、同じく国税庁で公開されています。

■貸家建付地の評価額の計算方法

貸家建付地は土地・建物とも被相続人のものですが、建物は借り主にも権利（居住権）があります。土地を他の方法で利用したいのであれば、建物の借り主と立ち退き交渉をおこなわなければなりません。つまり、貸宅地ほどではないものの、貸し主側である被相続人の権利が限ら

■ 図11　貸家建付地の評価額の計算方法

貸家建付地の評価額の計算式

自用地評価額 ×（1 − 借地権割合 × 借家権割合 × 賃貸割合）

※権利全体（1）から、借り主の権利の分を差し引く

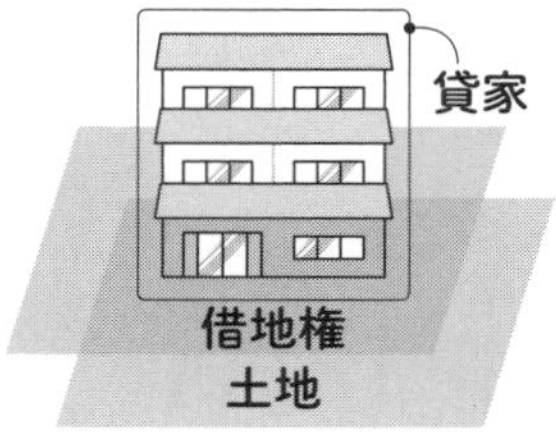

土地＝被相続人
建物＝被相続人

自用地評価額	借地権割合	借家権割合	賃貸割合

例　1億円 ×（1 − 70% × 30% × 50%）＝ 8,950万円

借地権割合×借家権割合の分だけ土地の評価額は減る

賃貸で「一時的な空室」と認められる条件

- 相続発生前から、継続的に賃貸されていた
- 空室の期間が1か月程度であるなど、短かった
- 空室の間、他の用途に使っていなかった
- 前の賃借人が退去する前後から、次の入居者が募集されていた
- 相続開始後の入居契約が一時的なものではない
  （節税対策で短期間の入居者を置いたわけではない）

れているのです。したがって評価するときは、その分を差し引いて計算します。

貸家建付地の評価額の計算方法は、図11の通りです。

被相続人が所有する土地に、被相続人が貸家やアパートを建てて他人に貸している場合、評価にあたっては、借地権割合に加えて、**借家権割合**や**賃貸割合**が必要となります。

借地権割合は先ほど解説した通りですが、借家権割合は全国一律で**30%**と定められています。

賃貸割合とは、実際に貸し出されている床面積の割合をいいます。たとえば、貸家建付地に4室の賃貸アパートがあって2室が貸し出されている場合、貸し室全体の床面積のうちの貸し出されている2室の床面積の割合を指します。

賃貸割合が低くなると、土地の評価額は下がります。**相続開始時に空室が少なければ、相続税が安くおさえられる**のです。

もっとも、相続開始時に空室でも、入進学シーズンで入居者の入れ替わり時に当たっていた、リフォームのため一時的に退去してもらっていたなど、一時的な状態であれば、賃貸割合に含めてもよいという決まりになっています。

また、土地の評価は、基本的には貸家建付地の評価となりますが、「貸付事業用宅地」として、小規模宅地等の特例（第2章で紹介）を利用し、相続税を減額することができます。

ただし、この特例を受けるには、「賃貸物件を相続した人が、相続税の申告期限まで事業を続けること」が条件です。相続開始を機に、借り主に建物から立ち退いてもらったり、借り主に貸家の建物を買い取ってもらったりしたあとでは、特例が適用されなくなります。

財産の評価方法④

新ルールでこう変わる建物の評価

被相続人名義の土地に被相続人自身が使っていた建物（自宅や蔵、別荘など）があった場合、建物の評価方法はシンプルです。**固定資産税評価額をそのまま使えばいい**のです。

一方、他人名義の土地（借地）に被相続人名義の自宅がある場合、固定資産税評価額だけを評価額にすることはできません。

生前の被相続人が納めていた固定資産税は、建物の分だけです。

しかし、自宅のある土地は貸し主との間で権利（借地権）を分け合っている状態です。相続では、その借地権も合わせて引き継ぐので、建物の評価に加えて、**借地権の評価額を相続財産に加える**ことが必要です。

■ 図12　賃貸物件の評価額の計算方法

建物の評価額の計算式

建物の固定資産税評価額 × (1 − 借家権割合〔30%〕× 賃貸割合)

※権利全体（1）から、借り主の権利の分を差し引く

例1：賃貸割合100%の場合

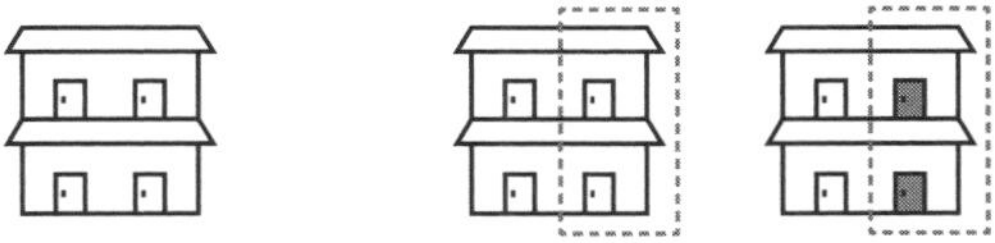

評価額 1,000万円 × (1 − 借家権割合 30% × 賃貸割合 100%) = **700万円**

相続税評価額

例2：賃貸割合60%の場合

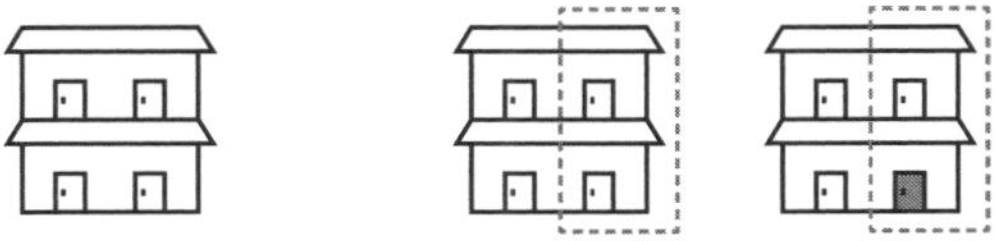

評価額 1,000万円 × (1 − 借家権割合 30% × 賃貸割合 60%) = **820万円**

相続税評価額

賃貸割合が低いほうが建物の相続税評価額が高くなる！

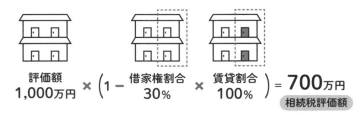

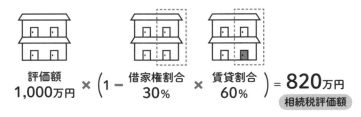

■分譲マンションを所有していた場合

被相続人が自分の土地に分譲マンションを所有していた場合、マンションに加えて、マンションのある土地の権利も引き継ぎます。

マンションの評価には、厳密には「1棟の固定資産税評価額×敷地権割合」という計算式が用いられますが、固定資産税の課税明細書にはこの計算を済ませた**課税標準額**が載っているので、それをそのまま使ってかまいません。マンションの敷地面積や敷地権割合は、登記事項証明書（法務局が管轄）で確認できます。

マンションには、部屋の敷地（占有している面積）に応じて、敷地権が与えられます。相続では、この敷地権の評価額も相続財産に加える必要があります。

なお、2024年1月からは、相続税の財産評価にあたり、マンションの**築年数**と**住んでいる階層**などを条件に加えることになりました。改定のポイントは次の点です。

・「築年数」が新しいほど、相続税評価額が高くなる

■ 図13　自宅（建物）の評価額の計算方法

被相続人の土地にある自宅の評価額の計算式

固定資産税評価額がそのまま評価となる

土地に自宅がある場合は
建物の評価 ＋ 土地の評価となる！

マンションの評価の流れ

自用地・自宅として評価額を計算

▼

評価乖離率の計算

▼

評価水準の計算

▼

土地の相続税評価額の計算

▼

建物の相続税評価額の計算

・「総階数」が高いほど、相続税評価額が高くなる
・所有する部屋の「所在階」が高いほど、相続税評価額が高くなる

新しい評価方法では、マンションの部屋ごとに**評価乖離率**（実勢価格との差を数値化した割合）が算出され、それをもとに**評価水準**という4段階のランク付けがおこなわれます。相続税評価額は、ランクごとに異なる方法で計算されます。

マンションの相続税評価額の評価方法が改定されたのは、実勢価格との間に大きな差が出ているためです。これまでは、この「差」を利用して節税対策をするケースもありましたが、今回の改定により、その節税効果はかなり薄くなります。

財産の評価方法⑤

「価値の変化」に注意したい有価証券の評価

相続財産の評価は、相続開始日（被相続人が亡くなった日）の価値をもとにおこなうのが原則です。有価証券は価値が刻々と変化するので、相続財産として評価するときに、さまざまな留意点があります。有価証券の評価方法は、資産の種類によって異なります。本書では、有価証券のうち、上場株式、上場債券、個人向け国債、投資信託について解説します。

■まずは「ほふり」に問い合わせる

被相続人の口座がある金融機関（銀行や証券会社）に、「相続のための照会」である旨を伝えて問い合わせれば、「相続税評価額付きの残高証明書」を発行してくれる場合もあるので、まずは有価証券の存在を確認しておきましょう。

被相続人の口座がわからない場合は、**株式会社証券保管振替機構（ほふり）**に開示請求をおこないます。被相続人が保有していた株式（保有銘柄はわからない）と、それが保管されている証券会社がわかります。被相続人の口座の調査を依頼するときの手数料は、1件当たり650円（税込）です（2023年10月時点）。なお、相続のための開示請求は、郵送の受付のみとなります（郵送先は左記）。

〒103―0026　日本橋茅場町郵便局留
東京都中央区日本橋兜町7番1号 KABUTO ONE
株式会社証券保管振替機構　開示請求事務センター

■上場株式の評価額の計算方法

東京証券取引所などに上場されている株式会社は上場企業と呼ばれ、上場企業が発行している株式を上場株式といいます。一方、上場していない企業は非上場企業と呼ばれ、発行している株式は非上場株式といいます。上場株式と非上場株式では相続の手続きが異なります。

■ 図14　上場株式の評価額の計算方法

上場株式の評価額の計算式

1株当たりの株価 × 保有株数

株価の値

株価は①～④のうち「最も低いもの」を採用できる

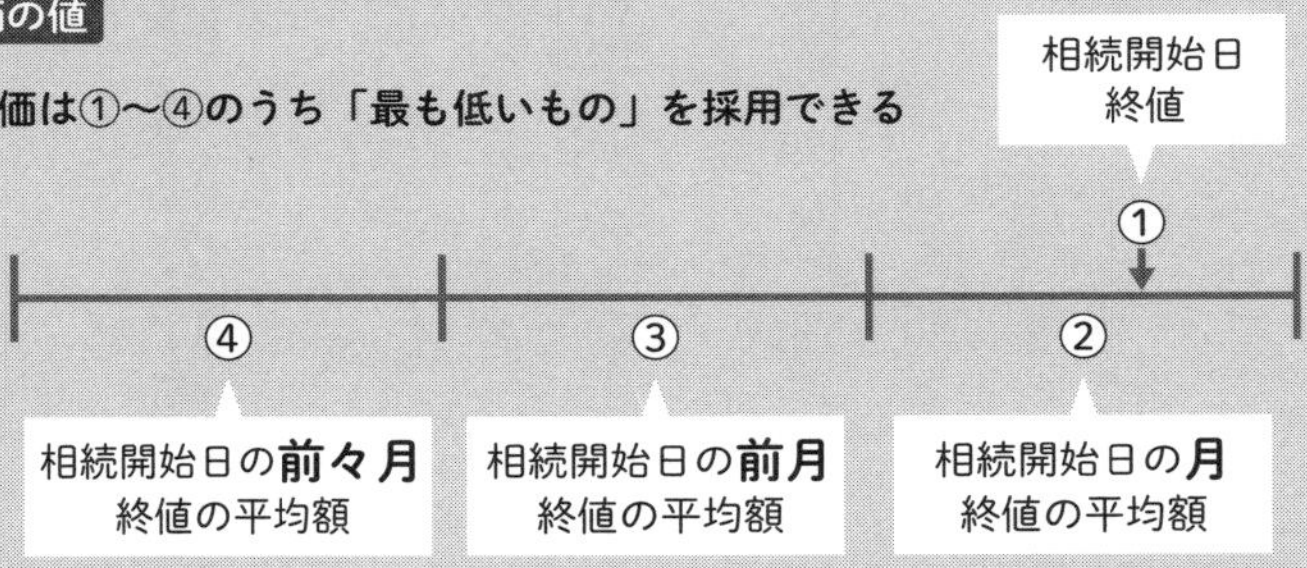

①相続開始日の終値：東京証券取引所や証券会社のサイトで確認
②相続開始日の月の終値の平均額
　：東京証券取引所の月間相場表（各銘柄の「終値平均」欄）で確認
③相続開始日の前月の終値の平均額：同上
④相続開始日の前々月の終値の平均額：同上

口座がなくても株価を確認できるサイト

- 日本取引所グループ東京証券取引所株価検
- みんかぶ
- Quick Money World
- Yahoo!ファイナンス
- 楽天証券
- 松井証券マーケット情報

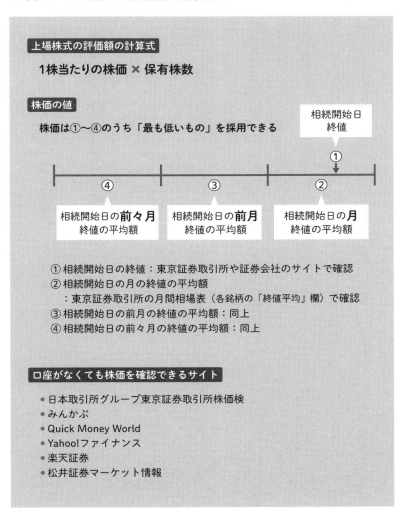

上場株式の評価額の計算は、図14の方法でおこないます。1株当たりの株価は4種の基準価格のいずれかを用いますが、**基準価格がいちばん低いものを使ってよい**ことになっています。

■上場債券の評価額の計算方法

国や地方公共団体、企業が、投資家などから資金を借りたときに発行される証書の1つが債券です。国や地方公共団体が資金を借りたときに発行される債券を公社債といいます。公社債の中には、金融商品取引所（証券取引所）に上場されている債券（上場債券）と、上場されていない債券（非上場債券）があります。

上場債券は、図15の方法で評価額を計算します。計算式にある「最終価格」は、相続開始日の東京証券取引所の日報の債券相場表にある終値に当たります。

一方、「源泉所得税額相当額控除後の既経過利息額」のうち「既経過利息額」とは、「相続開始日の時点で公社債を解約した」と仮定して支払われる利息です。

利息は定期的にしか支払われませんが、実際は、前回の支払時から相続開始の時点まで発生しています。相続開始時に支払われていないその分も、相続財産に足し合わせます。

■ 図15　上場債券と個人向け国債の評価額の計算方法

上場債券の評価額の計算式

（相続開始日の最終価格 ＋ 源泉所得税額相当額控除後の既経過利息額）× 券面額／100円

個人向け国債の評価額の計算式

額面金額 ＋ 経過利息相当額 − 中途換金調整額

財務省「中途換金シミュレーション」サイトで確認できる
（2023年10月時点）
https://www.mof.go.jp/jgbs/individual/kojinmuke/simu/realization/simur10.php#A01

「源泉所得税額相当額控除」は、こうした利息は所得税で源泉徴収がおこなわれるものなので、徴収される分は差し引くという意味です。

ちなみに、この「源泉所得税額相当額控除後の既経過利息の額」は、継続して利息が発生する財産であれば、相続財産として加算する必要があります。たとえば預貯金では、利息の高い商品に適用されます。

■個人向け国債の評価額の計算方法

債券の中でも国が資金を借りたときに発行する債券を国債といいます。国が個人で購入できるようにした債券が、個人向け国債です。国債の評価額は、国債の種類や利払いの方法、途中解約の有無によって異なります。

個人向け国債の評価額は、61ページ図15の式で計算できますが、財務省の「中途換金シミュレーション」サイトで指示された情報を入力すれば、簡単に評価額を計算できます。

なお、個人向け国債は、相続が発生した場合に限り、発行後1年を経過していなくても中途換金ができます。

■投資信託の評価額の計算方法

投資信託とは、投資家から集めたお金を資金として、専門家が運用をおこない、得た成果を投資家に分配する商品のことです。

投資信託には3種類あり、相続税評価額の計算方法は、種類によって異なります。

①　上場投資信託　　金融商品取引所に上場している投資信託（ETF）
②　日々決算型投資信託　　日々決算がおこなわれる投資信託（MRF）、外貨建てMMFなど
③　一般投資信託　　上場投資信託と日々決算型投資信託以外の投資信託

株式や債券、投資信託の相続手続きは、証券会社とのやりとりや書類が必要で簡単ではありません。郵送での手続きもあるため、早めに専門家に相談し、手を打っておくといいでしょう。

■ 図16　投資信託の評価額の計算方法

上場投資信託の評価額の計算式

1口当たりの基準価格 × 保有口数

日々決算型投資信託の評価額の計算式

1口当たりの基準価格 × 保有口数 ＋ 再投資されていない未収分配金
－ 未収分配金に対して源泉徴収されるべき所得税に相当する額
－ 信託財産留保額および解約手数料

再投資されていない未収分配金
：評価日が再投資日より前になる場合の分配金
未収分配金に対して源泉徴収されるべき所得税に相当する額
：公社債の利息と同様に、源泉徴収分を差し引く
信託財産留保額
：相続開始時に解約したと仮定して支払うペナルティ
一般的には0.3％程度。投資信託の目論見書や販売用資料などで確認できる
解約手数料
：投資信託によっては発生する。目論見書や販売用資料で確認できる

日々決算型投資信託は日々収益が分配されるわけではないため、
再投資されていない未収分配金を加算する必要はない

一般投資信託の評価額の計算式

1口当たりの基準価格 × 保有口数 － 解約請求等した場合に源泉徴収されるべき所得税に相当する額 － 信託財産留保額および解約手数料

財産の評価方法⑥

シンプルだが「管理」が肝心！預貯金の評価

相続税の申告では、預貯金の**残高証明書**が必要になります。残高証明書は各金融機関で、相続開始日の残高で発行してもらう必要があり、普通預金を評価するときはそのまま用いれば問題ありません。

ここでは、預貯金の評価額の計算方法と手続きについて解説しましょう。

■被相続人の預金口座を調べる方法

では、被相続人が持っていた預金口座を調べるには、どうすればよいでしょうか。

有価証券のように一括で調べられる機構は、銀行預金にはありません。地道に一行一行、被相続人の口座の有無を調べていくしかありません。

かつては、通帳や証書で手がかりを得られたのですが、今は紙の通帳からＷＥＢ通帳に切り替える動きが加速しています。これからは、ネットバンクも調べる必要があるでしょう。

■預貯金の評価額の計算方法

預貯金の評価額は、**相続開始時（被相続人が亡くなった日）の預金残高**に、この時点で解約した場合の利息**（既経過利息）**を加えて計算します。

普通預金や貯蓄預金などで、既経過利息が少額の場合は残高証明書の金額で評価してもかまいません（貯金額が多く利息が高額になるケースは、その限りではない）。

定期預金は、相続開始時の預金残高に、この時点で解約した場合の利息（既経過利息）を加え、利息にかかる税金を差し引くことで、評価額を計算できます。

定期預金の残高を確認するときは、「既経過利息を含めた残高証明書」の作成を銀行に依頼するといいでしょう。

■制度を利用すれば口座が凍結されても払い戻しができる

金融機関に被相続人死亡の情報が伝わると、**被相続人名義の口座は凍結されます**。これは相続財産を保護するための処置で、金融機関に遺産分割協議書を提出するまでは入出金ができなくなります。

しかし、相続開始後は、葬式や法要の費用など、まとまった現金が必要となり、被相続人の預金を使いたいケースも少なくありません。

そんなときは、**預貯金の仮払い制度を活用すれば、遺産分割協議より前に払い戻しができます**（上限150万円）。複数の金融機関に口座を持っていた場合は、それぞれ上限までの仮払金を受けとることができます。

もう1つの方法として、「口座を、すべての相続人の共有財産とする」旨の書類の金融機関への提出があります。多くの金融機関が書類を用意しているので、フォーマットどおりに記載して提出すれば口座凍結は解除され、自由に出金できるようになります。

遺産分割協議の一環のかたちをとるので、相続人全員の認証（実印を押す）と印鑑証明書が必要です。また、口座凍結解除後に、共有相続人の代表者が口座の金銭を使い込んだとしても、金融機関は責任を負いません。あくまで、自己責任での解除となります。

■管理者と名義の異なる預金に注意

預金の中には、被相続人が預金用の資金を出し、かつ管理していたにもかかわらず、別人の名義になっているものがあります。たとえば、被相続人である親が子どもの名義で積み立てをしていたというケースです。

このような預金は**名義預金**と呼ばれ、**名義が被相続人でなくても相続財産となります。**名義が被相続人ではないため、金融機関が発行する残高証明書に記載されず、相続税の申告時にモレがちなので注意が必要です。

税務調査が入った場合は、かなり問題視される財産でもあります。

税務調査のときは、税務署は、被相続人の関係者の預金関連の情報も集めます。つまり、名義預金の可能性がある口座を洗い出したうえで、調査に臨んでいるのです。

■ 図17　預貯金の評価額の計算方法と払い戻し方法

預貯金の評価額の計算式

相続開始日の預金残高 ＋ 源泉所得税額相当額控除後の既経過利息額

預貯金の払い戻し制度

遺産分割協議が終わっていなくても預貯金の払い戻しができる！

葬式費用や生活費などに充てられるので、残された家族の負担を軽減できる

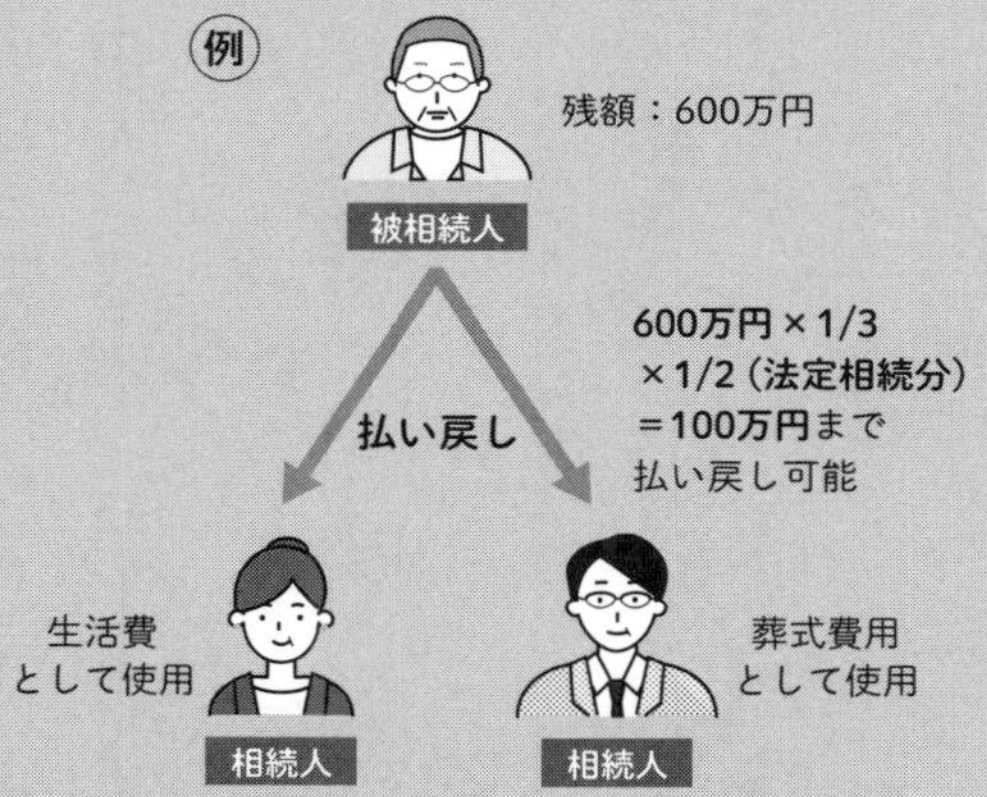

払い戻しができる金額

①か②の低いほう

相続人は、家庭裁判所の判断を経ずに、金融機関から単独で相続預金の払い戻しを受けることができる。ただし、同一の金融機関（同一金融機関の複数の支店に預金がある場合はその全支店）からの払い戻しは150万円が上限。

① 150万円
② 相続発生時の口座の残額×1/3×法定相続人の取り分の割合

上の図の場合　600万円×1/3×1/2＝100万円

■名義預金とみなされる基準

税務調査で他人名義の預金が名義預金と判定されるかどうかには、いくつか基準があります。カギとなるのは、**預金の資金を出した被相続人が、口座も実質上管理していたのか、あるいは、名義人が自分で管理しているのか**という点です。

名義人が実際に管理していれば、名義預金には当たらず、相続財産に含めなくてもいい可能性もでてきます。

ただしその場合は、**生前に贈与された財産であるとみなされます。口座の額によっては、贈与税の納付が必要となる可能性があります。**

贈与については第4章でくわしく解説しますが、暦年贈与を活用している場合、年間110万円を超える贈与には課税されます。金額次第では、贈与をせず、相続財産として譲ったほうが税額を抑えられることがあります。

また、贈与された日（名義人が口座の管理を始めた日）が被相続人が亡くなった時点から7年以内に当たると、「生前贈与の持ち戻し」の対象になり、相続財産に含まれるので相続税を納めなけ

■ 図18　名義預金に気をつけよう

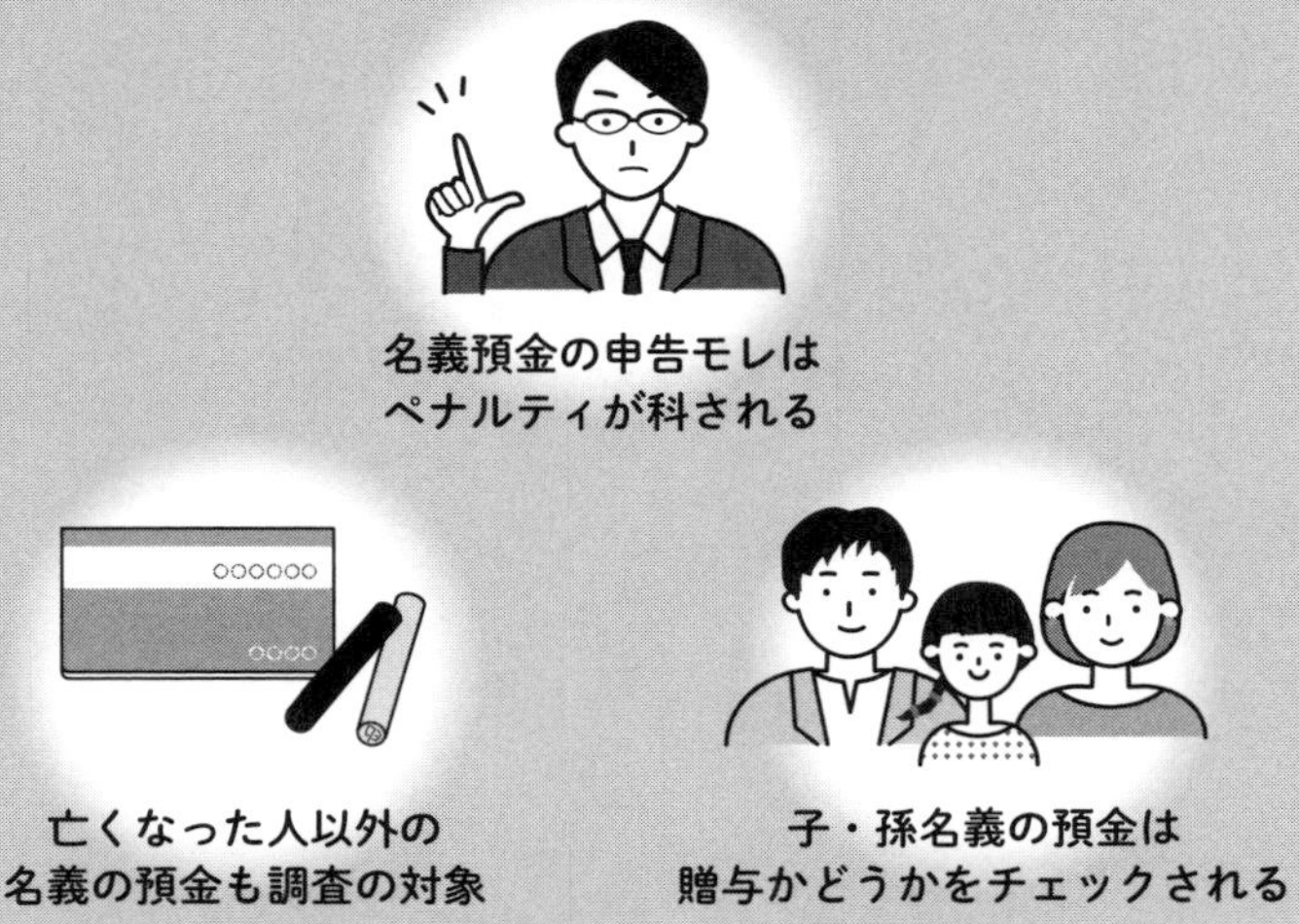
名義預金の申告モレは
ペナルティが科される
○○○○○○
○○○○
亡くなった人以外の
名義の預金も調査の対象
子・孫名義の預金は
贈与かどうかをチェックされる

名義預金とみなされるケース

- 口座開設時のサインを被相続人がしている
- 口座の銀行届出印を被相続人が使っていた
- 届出印、通帳、キャッシュカードを被相続人が保管していた
- ネットバンクのパスワードを被相続人しか知らなかった
- 名義人が預金を自由に使っていた履歴がない
- 金融機関からの「お知らせ」が預金口座の被相続人のもとに届いていた　……など

ればならないこともあります（生前贈与の持ち戻しについては、第2章でくわしく解説）。

■専業主婦の妻が名義人の口座はどうなる？

被相続人の妻が専業主婦だった場合、妻名義の口座でも、その資金源は、被相続人の夫であることが少なくありません。この場合、妻の固有財産（妻が独身時代から持っていた財産や妻自身が稼いだ財産、および年金等）を除いて、名義預金として**相続財産に組み入れることになります**。

では、夫の収入の一部を妻名義の口座に移して、妻が生活費として使っていた場合はどうでしょうか。

管理状況から見れば、家計のやりくりをしていたのは妻で、被相続人ではありません。「それならば名義預金にならないだろう」と思うかもしれませんが、実際には、**名義預金とされるケースがほとんど**です。

過去の判例では、預金をほんとうに管理していたのは最終意思決定者の夫である、と認定されるケースが多くなっています。

つまり、妻は夫の代理で家計を管理しており、真の預金の管理者ではないとされるのです。

へそくりも同様で、妻が実質管理し、夫（被相続人）がその存在を知らなかったとしても、名義預金となります（パートや投資などで妻が自分で稼いだ場合は対象外）。

現状では、専業主婦の家事労働は、生活費の管理を含め、対価のある労働、つまり「妻の家事労働に対して、夫が対価を支払っていた」とは、みなされていません。専業主婦の妻の口座は、残念ながら、夫である被相続人の財産で、相続財産であるとされるのです。

これは、「被相続人である妻の収入の一部を、専業主夫である夫の口座に移して生活費として使っていた」というケースでも同じです。

財産の評価方法⑦

高額でなければ後回しにしてもいい一般動産の評価

相続財産のうち、家具などの一般動産で、**評価額が5万円に満たないものは、「家財一式」としてまとめて評価**できます。

一般家庭であれば、家財一式が10万円程度です。被相続人がインテリアや装飾品などにお金をかけていても、高くて一式50万円程度です。購入時には高額だったとしても、一度使用すれば中古品扱いとなり、価値がかなり低くなります。

一方、1つ当たりの価値が5万円を超える一般動産は、個々に評価額を記載して申告するのが原則です。金地金（金属を型に流し込んで固め、資産として保有することを目的としたもの）、自動車、農機・工作機械・重機などが、ひとつ当たりの価値が5万円を超える可能性の高い財産の代表例になります。

評価額の算定で迷いやすい一般動産には、書画・骨とう品、時計・宝飾品、高級アンティーク家具、レアなコレクターズアイテムなどがあります。

鑑定を依頼したり自分で調べたりして、売買実例価額を把握するのが理想ですが、多くの場合、こういった財産は適正価格があいまいで、市場の実例を見てもわからないケースがほとんどです。専門の鑑定人に依頼しても、その「目利き」の程度で、価格は上下します。また、鑑定には費用もかかります。

2023年の国税庁の発表によると、2022年に死亡した人のうち9割以上は相続税が課税されずに済んでいます。そのことを考えると、まずは、ほかの財産を評価して、相続税の基礎控除内におさまりそうなら、こうした一般動産の評価はいったん保留にしておいても問題ないでしょう。

■高額な動産がありそうなとき

ただし、被相続人がコレクターとして社会的評価を受けているときは、税務署もその点を把握していると考えられるので、専門家の手を借りて評価額を計算したほうがいいでしょう。

コレクターが亡くなると、多くの場合、別のコレクターや美術骨とう商が、売却を求めてコンタクトをとってくる可能性があります。そういった場合には、その中の何人かに鑑定してもらうのが早道です。

ただ、その場合の鑑定額は、「仕入れ値」として、やや低めになるかもしれません。できるかぎり複数の人に鑑定してもらい、評価額の客観性を高めましょう。

「名のあるコレクターではなかったが、とにかくたくさん遺した」というケースでは、とりあえず「なんとなく高そうなもの」を数点選び出し、質店や買い取り業者のところに持ち込んで、査定を依頼するのも手です。その中に、もし高額査定される品があれば、あらためて「手間とお金をかけて評価する必要があるか」を考えればいいでしょう。

財産の評価方法⑧

非課税枠が利用できる生命保険金の評価

被相続人が保険料を負担していた生命保険契約・損害保険契約に関する生命保険金が支払われた場合、相続税上は「みなし相続財産」として、相続税の対象となります。

生命保険金は相続税の**非課税枠（500万円×法定相続人の数）**が設けられているため、生前に生命保険金が支給される保険契約を結んでいれば、相続税をおさえる対策にもなります。

■被相続人の生命保険契約の調べ方

被相続人が生前に契約していた生命保険がわからない場合は、**一般社団法人生命保険協会**に照会することで、調べることができます（調査対象は日本国内の全生命保険会社）。この制度は、照会対象の人が亡くなったケースのほか、認知判断能力が低下して契約状況がわからないケースにも利用できます。

ただし、照会を依頼できるのは、**法定相続人**と**遺言執行者**、**法定代理人**および**任意代理人**（弁護士・司法書士・行政書士）となり、照会対象者1人当たり3000円の利用料がかかります（2023年10月時点）。照会事由が死亡の場合には、相続開始日以前の最低3年間までさかのぼって調査ができます。

照会制度は「保険契約の有無」について各生命保険会社に確認する制度で、照会を依頼した人が生命保険金の受取人になっている契約については、その旨も回答してもらえます。

依頼するときは、法定相続人全員を照会者としたうえで、照会者のうち1人を照会代表者とし、代表者以外の照会者の委任状を作成して、手続きをおこなうと効率的です。

調査対象は**個人の保険契約で、照会した時点で有効なもの**です。保険金が支払済のもの、解約済のもの、失効したものは含まれません。財形保険・財形年金保険、すでに支払いが開始されている年金保険、保険金等が据置きとなっている保険も対象外です。

■ 図19　生命保険協会会員会社一覧（50音順・2023年9月11日時点）

アクサ生命保険株式会社	東京海上日動あんしん生命保険株式会社
アクサダイレクト生命保険株式会社	なないろ生命保険株式会社
朝日生命保険相互会社	ニッセイ・ウェルス生命保険株式会社
アフラック生命保険株式会社	日本生命保険相互会社
イオン・アリアンツ生命保険株式会社	ネオファースト生命保険株式会社
SBI生命保険株式会社	はなさく生命保険株式会社
エヌエヌ生命保険株式会社	フコクしんらい生命保険株式会社
FWD生命保険株式会社	富国生命保険相互会社
オリックス生命保険株式会社	プルデンシャル ジブラルタ ファイナンシャル生命保険株式会社
カーディフ生命保険株式会社	プルデンシャル生命保険株式会社
株式会社かんぽ生命保険	マニュライフ生命保険株式会社
クレディ・アグリコル生命保険株式会社	三井住友海上あいおい生命保険株式会社
ジブラルタ生命保険株式会社	三井住友海上プライマリー生命保険株式会社
住友生命保険相互会社	みどり生命保険株式会社
ソニー生命保険株式会社	明治安田生命保険相互会社
SOMPOひまわり生命保険株式会社	メットライフ生命保険株式会社
第一生命保険株式会社	メディケア生命保険株式会社
第一フロンティア生命保険株式会社	ライフネット生命保険株式会社
大樹生命保険株式会社（旧三井生命保険株式会社）	楽天生命保険株式会社
大同生命保険株式会社	
太陽生命保険株式会社	
チューリッヒ生命保険株式会社	
T&Dフィナンシャル生命保険株式会社	

財産の評価方法⑨

相続税追徴リスクに要注意！債権の評価

相続財産で取り扱いがむずかしいものに債権と債務があります。ややこしいので、2つを混同しないように注意が必要です。

金銭の貸し借りでいうと、お金を貸した者が相手に返すように求める権利が**債権**、お金を借りた者が相手にお金を返さなければならない義務が**債務**です。

相続税申告では、被相続人名義の**貸付金**、**売掛金**、**未収入金**などは、貸付金債権等として「**プラスの財産**」、**借入金**や**ローン**といった債務は「**マイナスの財産**」として評価します。

債権に気づかず相続税を申告し、その後に債権があったことがわかった場合、修正申告が必要になります。これを放置して税務調査で指摘された場合、**相続税の追徴を受けることになります。**

しかし、金銭貸借や損害賠償に関する契約などは、多くが個人の間でおこなわれるため、信用情報機関には情報が登録されません。

そういった債権を確認するためには、**契約書や借用書、合意書、被相続人が送った督促状の控えや手紙**など、被相続人の身の回りの書類を調べるのが、唯一の方法といえるでしょう。

債権は、基本的には**元本の価額と利息の合計が評価額**となります。ただし、一定の場合には債務者の資産等からの回収可能性を考慮したうえで、評価額が計算されることになります。

財産の評価方法⑩

マイナスの財産の評価

相続税申告において「マイナスの財産」として計上するものには、2種類あります。1つは**債務**、もう1つは**葬式費用**です。相続税申告においては、債務や葬式費用は**債務控除**（被相続人の債務と葬式費用を財産の総額から控除できる規定）として、相続財産から差し引きます。

■債務の調査と評価方法

債務には、被相続人の借入金やローンのほか、未払いの税金や公共料金などがあります。

被相続人の「プラスの財産」が債務より多ければ、相続するのが一般的です。その場合は、**相続人に債務の返済義務が引き継がれます**。被相続人に資産がなく債務だけがある場合は、**相続放棄**をすれば返済義務はなくなります（第3章で解説）。

■ 図20 相続財産から差し引くもの

借入金

- 銀行をはじめとする金融機関からの借入金※1
- 個人からの借入金
- その他、被相続人が亡くなった時点の債務で確実と認められるもの

※1 団体信用保険に加入している住宅ローンは除く
（被相続人の死亡により補填されるため）

未払金

- 未納の税金（固定資産税、所得税、住民税、自動車税、事業税、消費税など）
- 未払いの費用（水道光熱費、通信費、医療費、保険料、商品代金の残り※2）
- 被相続人の事業の未払い費用（買掛金など）

※2 被相続人が生前に購入したお墓の未払い代金など、相続税の非課税財産に関する債務を除く

預かり金

- 敷金（被相続人が不動産賃貸事業をおこなっていた場合）

葬式費用に当たるもの

- 死亡診断書の発行手数料（火葬のときに必要となる）
- 遺体、遺骨の回送費用（葬儀会場までの回送運搬費、霊柩車代など）
- 通夜、葬式の費用（棺・納棺費用、祭壇料、会場使用料、死亡広告掲載費など）
- お寺や教会に支払った費用（読経料、布施、戒名料、献金など）
- 火葬・埋葬費用
- 通夜、葬式での饗応費（飲食費、会葬御礼、席料、自動車のチャーター代など）
- 心付け（葬儀会社のスタッフへの謝礼）
- 遺体、遺骨の捜索費用（災害や遭難などで亡くなった場合）

被相続人名義の債務の内容は、相続税申告時の債務控除に必要な情報であると同時に、相続後の債務返済計画、相続放棄の判断にもかかわるため、早急に調べる必要があります。クレジットカード会社や銀行などからの借入金・ローンは、次の**信用情報機関**に情報開示を求めることで調べられます。

・JICC（日本信用情報機構）　消費者金融・クレジットカード会社に関する債務情報
・CIC（割賦販売法・貸金業法に基づく指定信用情報機関）　クレジットカード会社に関する債務情報
・KSC（全国銀行個人信用情報センター）　銀行に関する債務情報

ただし、銀行によっては、債務者が亡くなったことを知った時点で、債務情報を削除するケースもあります。その場合は、信用情報機関には情報は伝わりません。被相続人の預金口座の取引履歴から判断し、銀行に直接問い合わせましょう。

被相続人が個人あるいは信用情報機関に登録していない業者から借り入れをしていた場合は、**貸借契約書**の有無、または貸し手からの**督促状**などで判断するしかありません。

また、未払いの税金や公共料金などは**通知書**が届くので金額が確認できます。公共料金を自動引き落としにしていた場合は、引き落としができなくなるため、振込用紙が郵送で届きます。

■ 葬式費用に当たるもの・当たらないもの

葬式費用は、**火葬料・埋葬料・納骨の費用**など、被相続人を弔う儀式や埋葬にかかった費用として、債務と同様に相続財産から差し引くことができます。

葬式費用に関する支払いをする場合には、必ず**領収書**をもらうようにし、相続税の申告まで保存しておきましょう。突発的な出費（受付の文房具が足りずコンビニで買った、火葬を待つ間の飲み物を売店で購入したなど）についても、領収書やレシートを保管しておくことをおすすめします。

なお、葬式費用は、被相続人本人に対する葬送儀礼で支払われたものに限られます。会葬御礼の代金は葬式費用に含まれますが、**香典返しの費用は含まれません**。同様に初七日、四十九日などの法要にかかった費用も、葬送儀礼ではなく追善供養のため控除できません。

ただし、初七日法要は、現在では告別式に続けておこなわれるケースがほとんどで、費用を別途支払う形になっていません。この場合は、葬式費用に含めても問題とはされません。

トラブルを防ぐ財産目録の作り方

相続トラブルを防ぐためには、**財産目録**を作っておくことがおすすめです。被相続人が亡くなったあとに新たに財産が判明した場合は、それもリストに加えておくといいでしょう。被相続人の財産内容が整理されていれば、相続税の申告や遺産分割協議がスムーズになります。

被相続人が遺言書を作成している場合でも、改めて被相続人の財産を確認したうえで作った財産目録があれば、遺言の記載モレや誤りを確認しやすくなります。

財産目録には、**被相続人の各財産の内容が明確に区別できる項目を記載しましょう**。預貯金であれば金融機関名・口座種別・口座番号、土地であれば所在・地番・地目・地積、有価証券であれば銘柄や証券会社の名称・数量・額面金額などです。さらに、それぞれの評価額を記入します。また、備考欄を設け、財産を取得する相続人の氏名も記載しておけば、遺産分割協議の際、財産の取得者が一目でわかります。

■ 図21　財産目録サンプル

相続財産目録

作成日　　年　月　日　　作成者氏名　　印

相続開始日（亡くなった日）　　年　月　日

遺言書　□あり　□なし　□不明

現金

番号	保管場所	管理者	残高（円）	備考
1				
2				
3				
			合計	

預貯金

番号	金融機関名	支店名	口座種別	口座番号	残高（円）	備考
1			□普 □定 □			
2			□普 □定 □			
3			□普 □定 □			
					合計	

有価証券等

番号	株式の銘柄・証券会社の名称等	証券口座番号等	数量	額面金額	評価額（円）	備考
1						
2						
3						
					合計	

不動産（土地）

番号	不動産番号	所在	地番	地目	地積（㎡）	評価額（円）	備考
1							
2							
3							
						合計	

不動産（建物）

番号	不動産番号	所在	家屋番号	種類	床面積（㎡）	評価額（円）	備考
1							
2							
3							
						合計	

生命保険・損害保険・死亡退職金など

番号	保険会社の名称	証書番号	種類	契約者(保険料負担者)	受取人	保険金額（受取額）（円）	備考
1							
2							
3							
						合計	

column

非上場株式の評価について

中小企業などの非上場会社は、上場会社のように客観的な株価が存在しません。そのため、被相続人・相続人の立場によって原則的評価方式と配当還元方式の2つの方法で評価額を計算します。被相続人が同族株主である会社の非上場株式の評価には原則的評価を用い、「類似業種比準価額方式」「純資産価額方式」「併用方式」の3つのいずれかで評価をします。

①類似業種比準価額方式…事業内容が類似している上場企業の株価をもとに配当・利益・純資産の3つの要素を自社と比べて計算する方法

②純資産価額方式…相続開始時の会社の純資産額を、自社株式の評価として計算する方法

③併用方式…①と②の価額に、会社の規模に応じた一定の割合を加味して計算する方法

同族株主以外の少数株主の場合は、配当還元方式を用います。配当還元方式による評価方法は、原則的評価方式に比べて低い株価で計算されます。株価が低いときに株を移すなどの対策が、節税につながる場合があります。

第2章

相続税の「しくみ」に強くなる

3ステップでわかる相続税の計算方法

相続財産のリストアップと評価を終えたら、次は相続税額を計算していきます。

相続税は、相続財産そのものにかかるわけではありません。加算すべき財産を足し、債務、葬式費用を差し引いた残額に、相続開始前7年以内の贈与財産を足し、そこから基礎控除を差し引いた、**課税遺産総額**にかかります。

■ステップ1 「基礎控除の額」を計算する

ここからは、相続税の計算方法を確認していきましょう。

基礎控除の額は、「3000万円＋（600万円×法定相続人の数）」の式で計算できます。

基礎控除の額は法定相続人の数によって変わるため、同じ額の財産を相続しても、相続税の

■ 図22　正味の遺産額の計算の流れ

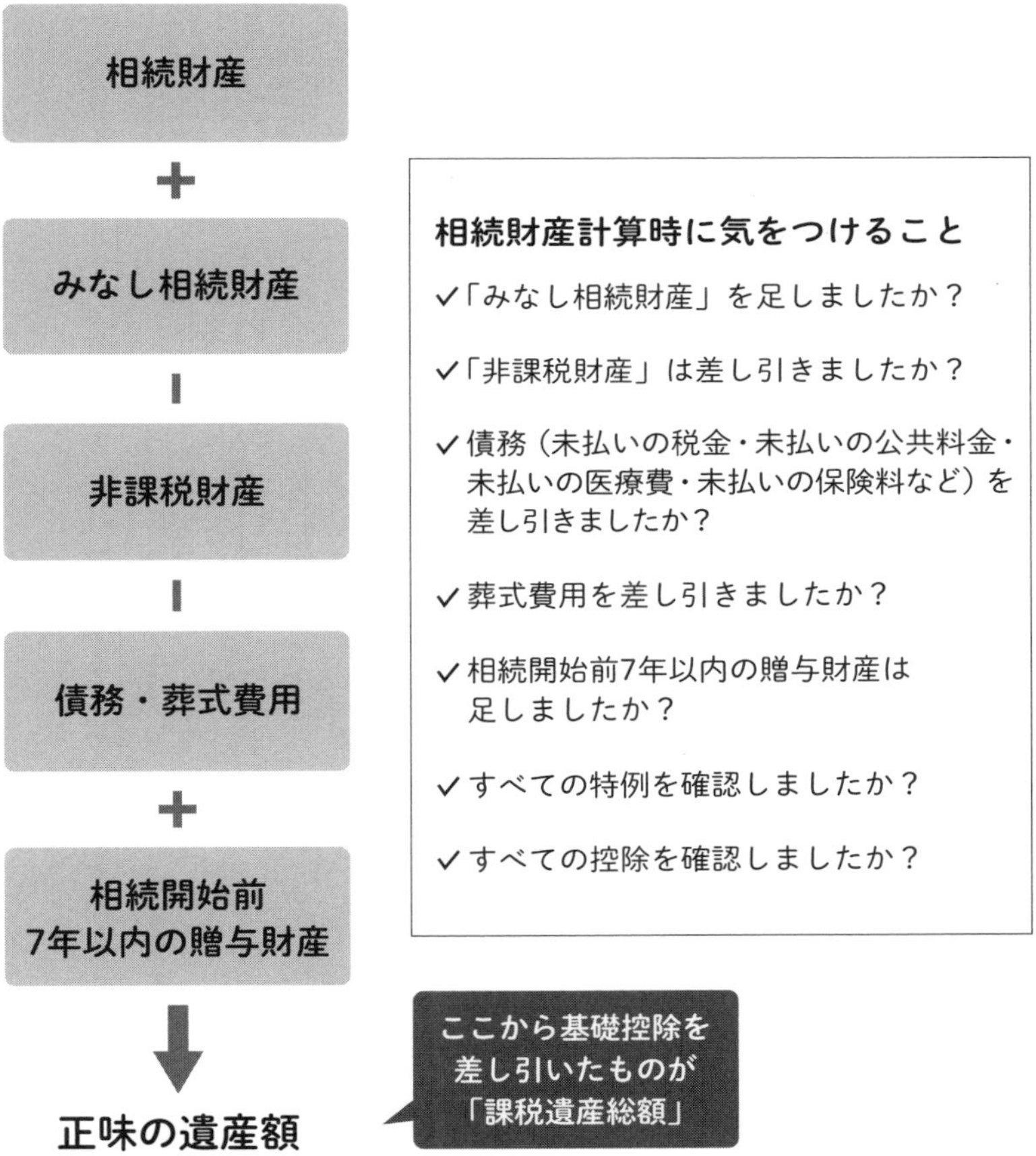
相続財産
＋
みなし相続財産
－
非課税財産
－
債務・葬式費用
＋
相続開始前
7年以内の贈与財産
正味の遺産額
相続財産計算時に気をつけること
✓「みなし相続財産」を足しましたか？
✓「非課税財産」は差し引きましたか？
✓債務（未払いの税金・未払いの公共料金・未払いの医療費・未払いの保険料など）を差し引きましたか？
✓葬式費用を差し引きましたか？
✓相続開始前7年以内の贈与財産は足しましたか？
✓すべての特例を確認しましたか？
✓すべての控除を確認しましたか？
ここから基礎控除を差し引いたものが「課税遺産総額」

かかるケース、かからないケースが生じます。

たとえば、同じ５０００万円の財産を相続しても、法定相続人が４人いるケースは基礎控除の額（３０００万円＋６００万円×４人＝５４００万円）内におさまるので課税されませんが、法定相続人が３人のケースでは、５０００万円から基礎控除の額（３０００万円＋６００万円×３人＝４８００万円）を差し引いた残り２００万円に相続税がかかることになります。

正味の遺産額が基礎控除の額よりも少なければ、課税遺産総額はゼロ以下になるので、相続税はかかりません。この場合は申告する必要もありません（ただし、小規模宅地等の特例などを適用するには申告が必要）。

■ステップ2 「相続税の総額」を計算する

課税遺産総額を計算できたら、次はそれを、**法定相続分で財産を取得したものと仮定して、各法定相続人の相続分を計算**します。そこに各相続人の法定相続分に応じた**相続税率**（図23）を掛け、税率に応じた控除額を差し引きます。こうして算出された各相続人の相続税額を合計すれば、**相続税の総額**が計算できます（この金額は「実際の相続税の納付額」ではない）。

■ 図23　相続税の速算表

各法定相続人の相続分	相続税率	控除額
1,000万円以下	10%	—
3,000万円以下	15%	50万円
5,000万円以下	20%	200万円
1億円以下	30%	700万円
2億円以下	40%	1,700万円
3億円以下	45%	2,700万円
6億円以下	50%	4,200万円
6億円超	55%	7,200万円

■ステップ3　「実際の相続税の納付額」を計算する

次は、先ほど算出した**相続税の総額**に対して、**実際に各相続人が取得した財産の取得割合**を掛けます。これが各相続人の**実際の相続税の納付額**になります。

相続人は、それぞれ正味の遺産額（基礎控除額を差し引く前の額）に対して、自分が受け取る分が何％に当たるのかを計算します。たとえば、Aさんの相続財産が、正味の遺産額の30％に当たる場合は、Aさんの納税額は、**相続税の総額**に30％を掛けた金額になります。

相続税を納めるのは、**法定相続人であるか否かには関係なく、実際に相続財産を受け取った人たち**です。法定相続人であっても、遺産をもらわなかった場合や、金銭では評価できない遺産のみを受け取った場合は、相続税を納める必要はありません。

一方、**法定相続人でなくても相続財産を受け取れば、受け取った割合に応じて相続税を納める必要があります**。そのときは、本来納めるべき相続税額に**2割を加算**した額を納める必要があります（これを「相続税の2割加算」という）。たとえば、**被相続人の孫養子、兄弟姉妹、甥・姪など、一親等の血族および配偶者以外の人**は、本来納めるべき相続税額に2割を加算して課税されます。

■ 図24　実際の納付額の計算方法

被相続人に1億円の相続財産がある場合（配偶者と子ども2人が相続）

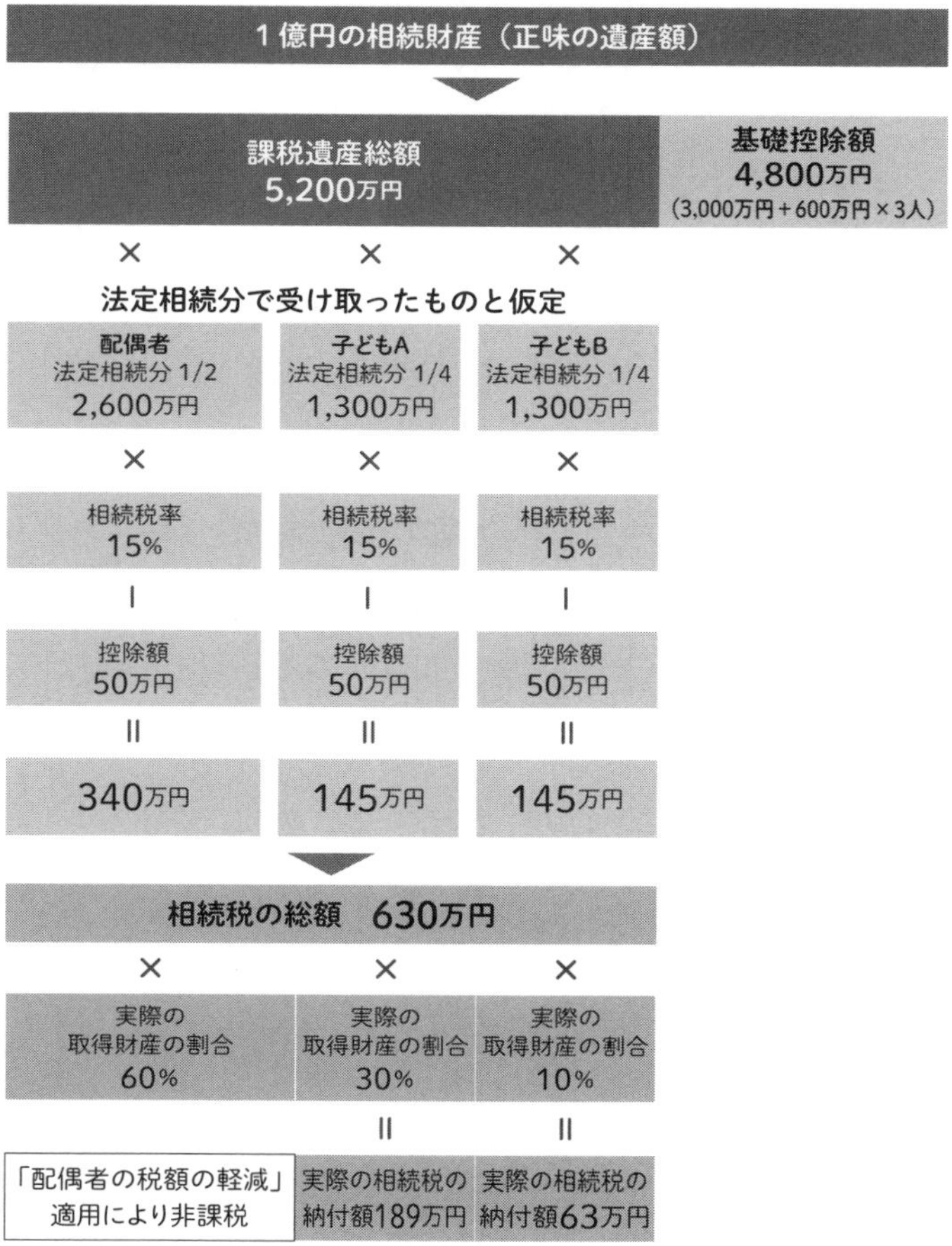

相続税のしくみ①

土地の評価額を最大80%下げる小規模宅地等の特例

相続税法には、相続人に対する大幅な税負担の防止などの観点から、財産の評価額を下げるさまざまな特例や控除といった制度が設けられています。

制度の1つである**小規模宅地等の特例**は、土地の評価額を減額できる制度で、被相続人の土地を親族が引き継いで使用している場合などに利用できます。図25の条件を満たせば、**土地の評価額を最大80%減額できます**。基礎控除額を超えても、相続財産の合計額を大きく圧縮できるので、節税効果が高い制度です。

小規模宅地等の特例は、引き継ぐ土地の実際の価値は保ったまま、相続財産としての評価額を下げ、相続税を大幅におさえられるのが特徴で、次の土地で利用できます。

■ 図 25　小規模宅地等の特例の適用条件

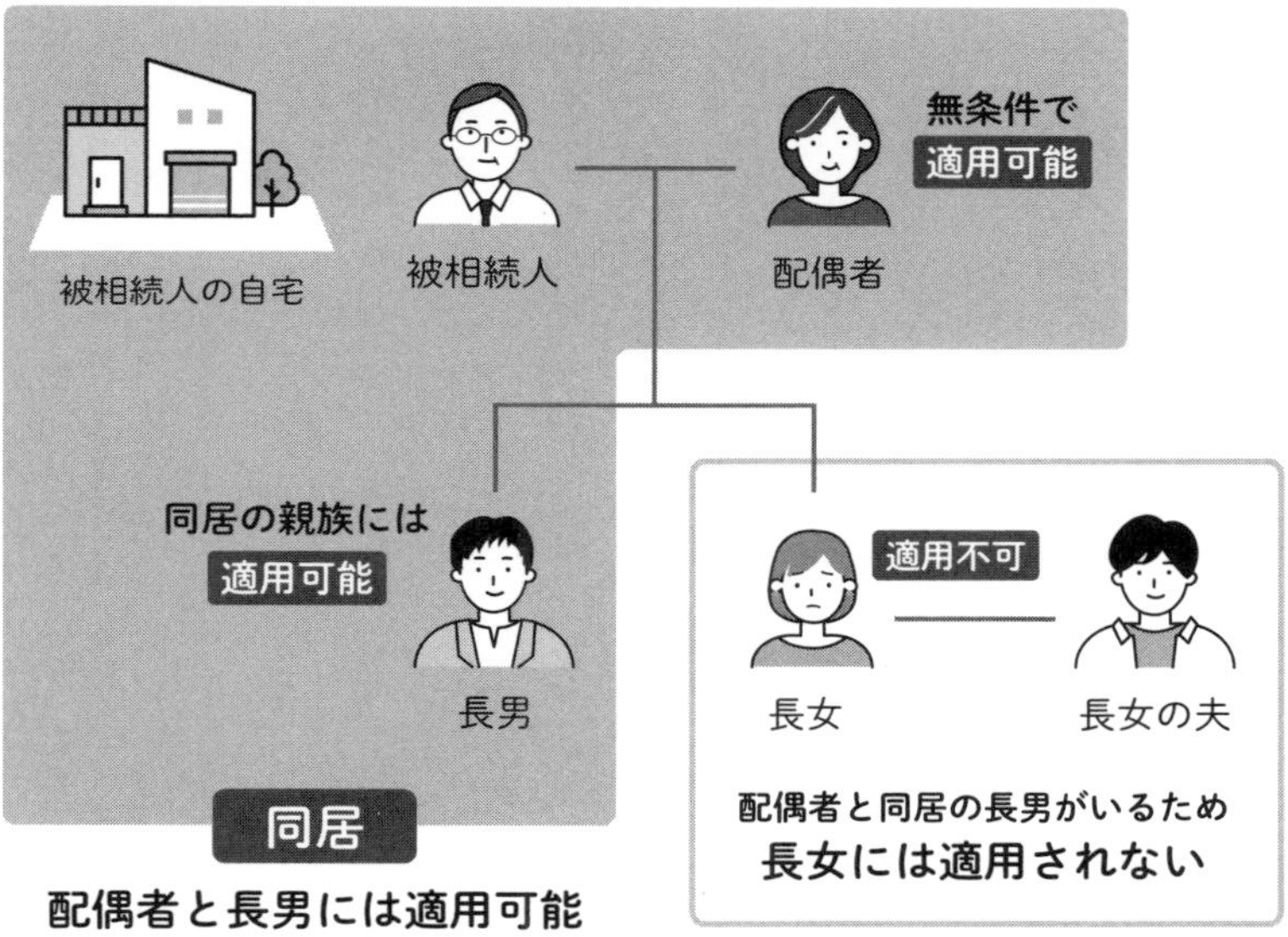

相続する人	適用条件
配偶者	無条件で適用
同居親族	①相続税の申告期限まで居住している ②相続税の申告期限まで自宅を手放さずにいる
別居親族	配偶者や同居する相続人がいる場合は適用不可 いない場合は適用できる可能性がある

・特定居住用宅地等（被相続人等の自宅のあった土地）
・特定事業用宅地等（被相続人等が事業に使っていた土地）
・貸付事業用宅地等（被相続人等が貸し付けていた土地）

名称に「等」がつくのは、土地だけでなく、借地権も減額対象だからです。本書では、特定居住用宅地等を中心に取りあげます。

この特例を利用して土地を評価した結果、**正味の遺産額が基礎控除内におさまれば、相続税を納める必要はなくなります**。ただし、適用を受けるためには、**相続税の申告が必須**です。特例を適用した結果、正味の遺産額が基礎控除内におさまる場合、その旨を証明するために、申告は必ずしなければなりません。

■被相続人と同居していた配偶者や親族が相続する場合

特定居住用宅地等にかかる小規模宅地等の特例は、もともと「同居していた家族が、相続税の納付のために家を売り、住む場所を失う」という事態を防ぐために制定されたものです。

被相続人と同居していた配偶者や親族が相続する場合のほか、1人暮らしをしていた被相続人が要介護認定を受け、自宅を離れて医療・介護施設で暮らしていた場合などにも利用できます。

■被相続人と同居していなくても適用できるケースも

相続開始時に被相続人と同居していなかった親族でも、小規模宅地等の特例を利用できるケースがあります。

こういった場合に利用できるのが、小規模宅地等の特例の中の1つである**家なき子特例**です。持ち家のない相続人（家なき子）が、被相続人の自宅を相続して、申告期限まで所有し続けた場合に適用されます。

この特例を適用できれば、土地の評価額について80％の減額効果が得られます。

家なき子特例を利用するためには、次の4つの条件をすべて満たす必要があります。

・被相続人に配偶者や同居の相続人がいない

・相続開始前の3年間、日本国内にある「自身または自身の配偶者」「三親等以内の親族」「特別な関係がある法人」の持ち家に住んだことがない

・相続した宅地を、相続税の申告期限まで（相続開始から10か月間）所有し続けている

・相続開始時に相続人が居住している家は、持ち家ではない

ただし、家なき子特例は、二次相続（一次相続で相続人となった配偶者が亡くなると発生する相続）でしか使うことができないしくみになっています。

小規模宅地等の特例の利用方法

ここでは、小規模宅地等の特例の利用方法を解説します。

小規模宅地等の特例には適用面積に上限が設けられており、相続した家の敷地のすべてに対して評価額を減らせるわけではありません。**土地の「小規模」な面積に対してのみ特例を使ってよい**、という制度だからです。

特定居住用宅地であれば、**最大330㎡（100坪）の範囲内**で特例を利用できます。

国土交通白書の「令和4年度　住宅経済関連データ」によると、一住宅当たりの延床面積の平均は、最も広い富山県で約145㎡です。富山県の平均的家庭が延床と同じ広さの庭を持っていたとしても、330㎡以内におさまります。

一般的な家庭の敷地であれば、ほとんどの場合、特例の限度面積からはみ出すことはないでしょう。

■複数の用途の土地を持っていた場合

被相続人が、特定居住用宅地、特定事業用宅地、貸付事業用宅地と、種類の異なる土地を持っていた場合、**それぞれで小規模宅地等の特例を利用できます。**

貸付事業用宅地を含まないケースでは、特定居住用宅地と特定事業用宅地で、特例を併用できます。

特定居住用宅地の限度面積330㎡に加え、特定事業用宅地では400㎡まで、評価額を減額できます。どちらも減額の率は80%ですから、合計730㎡に対して、評価額を8割カットできます。

一方、特定居住用宅地や特定事業用宅地に貸付事業用宅地を含むケースでは、貸付事業用宅地の限度面積が200㎡となっているので、特定居住用宅地の限度面積の上限の330㎡や、特定事業用宅地の限度面積の上限の400㎡まで使うことができません。

貸付事業用宅地は、土地そのものが収益を生んでおり、余裕資産の運用であるため、小規模

■ 図26　小規模宅地等の特例の利用限度面積と減額割合

	限度面積（㎡）	減額割合（%）
特定居住用宅地等	330	80
特定事業用宅地等	400	80
貸付事業用宅地等	200	50

複数の用途の土地を持っていた場合

$$\text{特定居住用宅地の面積} \times \frac{200\text{m}^2}{330\text{m}^2} + \text{特定事業用宅地の面積} \times \frac{200\text{m}^2}{400\text{m}^2} + \text{貸付事業用宅地の面積} \leqq 200\text{m}^2$$

自宅の敷地が330㎡以内のAさんの場合

特定居住用宅地として、全面積の評価額を80%カットできる

自宅の敷地が330㎡を超えるBさんの場合

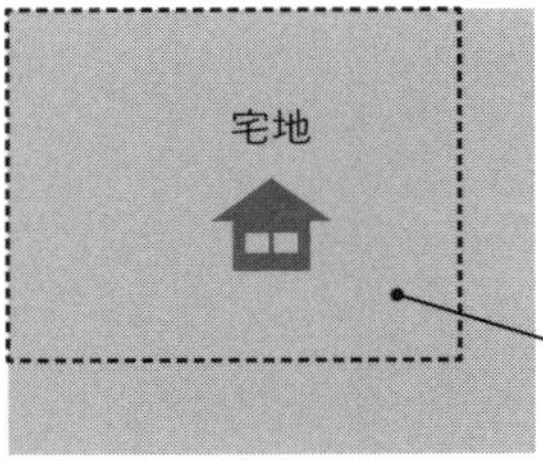

はみ出した部分はもとの評価額のまま

330㎡は評価額を80%カット

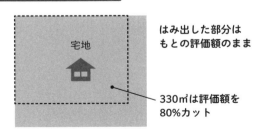

宅地等の特例でも、他に比べて減額割合が低くおさえられ、**限度面積**にも制限が設けられています。

具体的には、特例を利用したい土地の面積を計算したときに、**２００㎡以内におさめなければなりません。**

限られた２００㎡という面積の中で、どの宅地を優先して特例を利用するか。あるいは、あえて貸付事業用宅地には特例を使わず、特定居住用宅地と特定事業用宅地で限度面積まで使うほうを選ぶか。それぞれの土地の評価額（特例適用前の額）も加味しながら、税額をシミュレーションしておくといいでしょう。

■二世帯住宅でも「同居」と判定されないことも

親子が二世帯住宅で暮らしていて、子どもが相続人となった場合、小規模宅地等の特例は問題なく利用できるように感じます。

しかし、ケースによっては、同居とみなされず、適用を受けられないこともあります。

それは、図27のように親子で建物の名義を分けている（区分所有権を登記している）ケースです。

■ 図27　同居しているのに特例が使えないケース

1階で被相続人が1人で暮らし
2階で被相続人の子ども夫婦が暮らしていた場合

子どもが自宅と土地を相続すると…
1階は被相続人の「特定居住用宅地等」、2階は子どもの生活基盤となり、
同居扱いにはならない

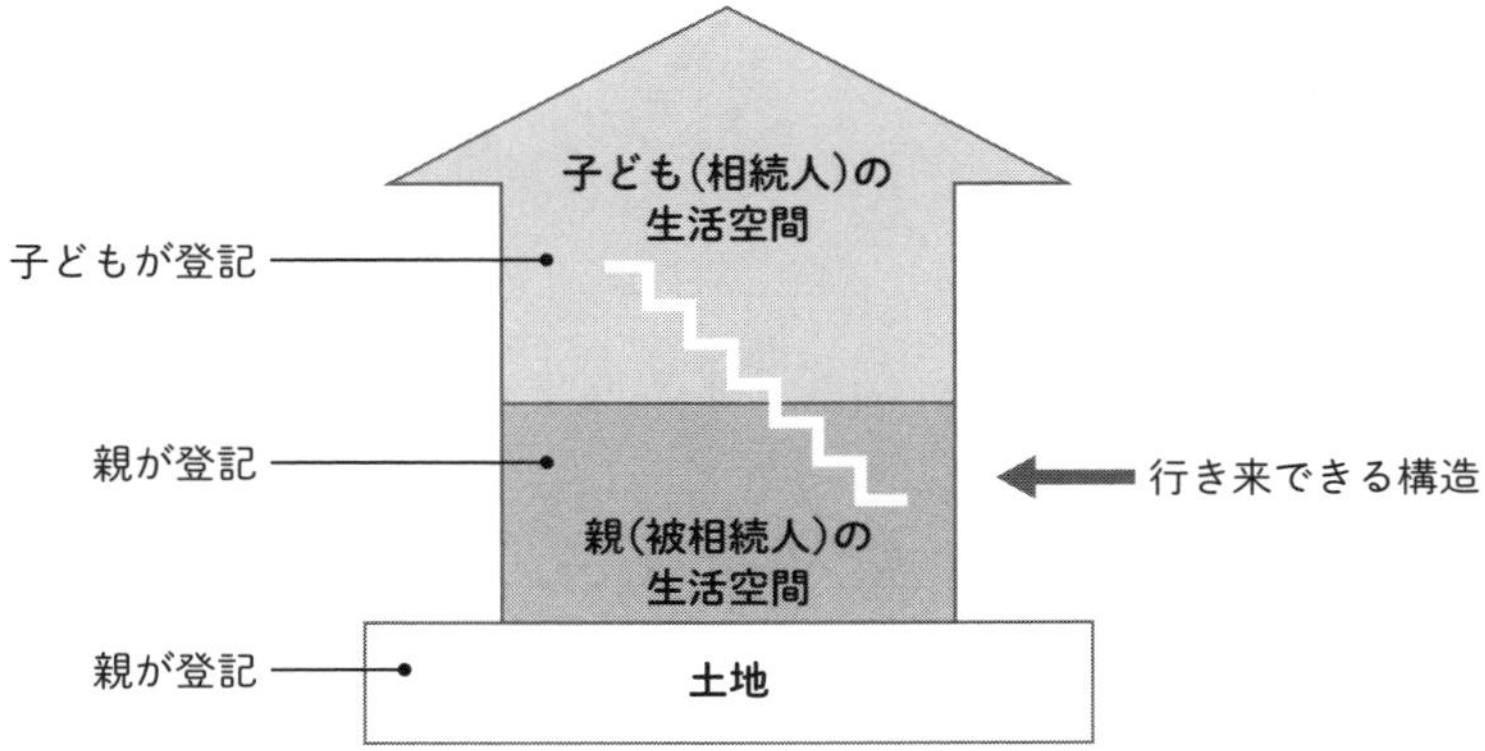

建物の登記が別だと同居と認められない！

小規模宅地等の特例は使えない

建物の構造が完全に仕切られておらず、親子の行き来ができていても、**登記が別であれば同居とはみなされません。登記の仕方で小規模宅地等の特例が適用できるか、適用できないかが大きく変わってしまう**のです。

相続税のしくみ②

税の二重徴収を防ぐ贈与税額控除

これまで解説してきた控除と特例は、相続財産から差し引いたり、土地の評価額を下げたりするなど、「課税遺産総額」を計算する**前**に処理を加えるものでした。

これに対して、これから解説する「税額控除」は、課税遺産総額から相続税が導き出された**後**に、相続人それぞれに課せられる「税」を減額するものです。

「税を減らす」という効果は同じですが、控除の対象は異なります（109ページ図28参照）。

■「贈与の持ち戻し」とは？

贈与税と相続税の二重課税を防ぐために設けられた**贈与税額控除**には、暦年贈与（年間110万円以下の贈与額であれば贈与税がかからないというしくみを用いた贈与方法）に課された贈与税の控除と、相続時精算課税にかけられた贈与税の控除の2つがあります。ここでは前者を解説し、後者は第4章で解説します。

暦年贈与の贈与税額控除を理解するには、まず、相続における**贈与の持ち戻し**を理解しておかなければなりません。

贈与の持ち戻しとは、被相続人による生前贈与のうち、相続で遺産を得た人が受け取った分は、相続財産とみなすルールです。相続財産に組み入れられるのは、**相続開始時（被相続人が死亡した日）から7年さかのぼっての贈与まで**です。

このルールは、相続税を減らす目的での生前贈与を防ぐために設定されています。

生前贈与が節税になる理由は、**受け取った贈与額が年間110万円以内であれば、贈与税が課されなくなる**からです。

つまり、将来の相続人に非課税枠内で財産を贈与しておけば、税を負担することなく財産を移転でき、相続時の財産が減るので相続税がおさえられるのです（これ自体は合法的な行為）。

贈与の持ち戻しは、「合法とはいっても、相続開始の間近には贈与はしてはいけませんよ」、そして、「もし相続開始の間近に贈与したら、相続財産として扱いますよ」というルールなのです。

■ 図28 「財産からの控除」と「相続税の総額からの控除」の違い

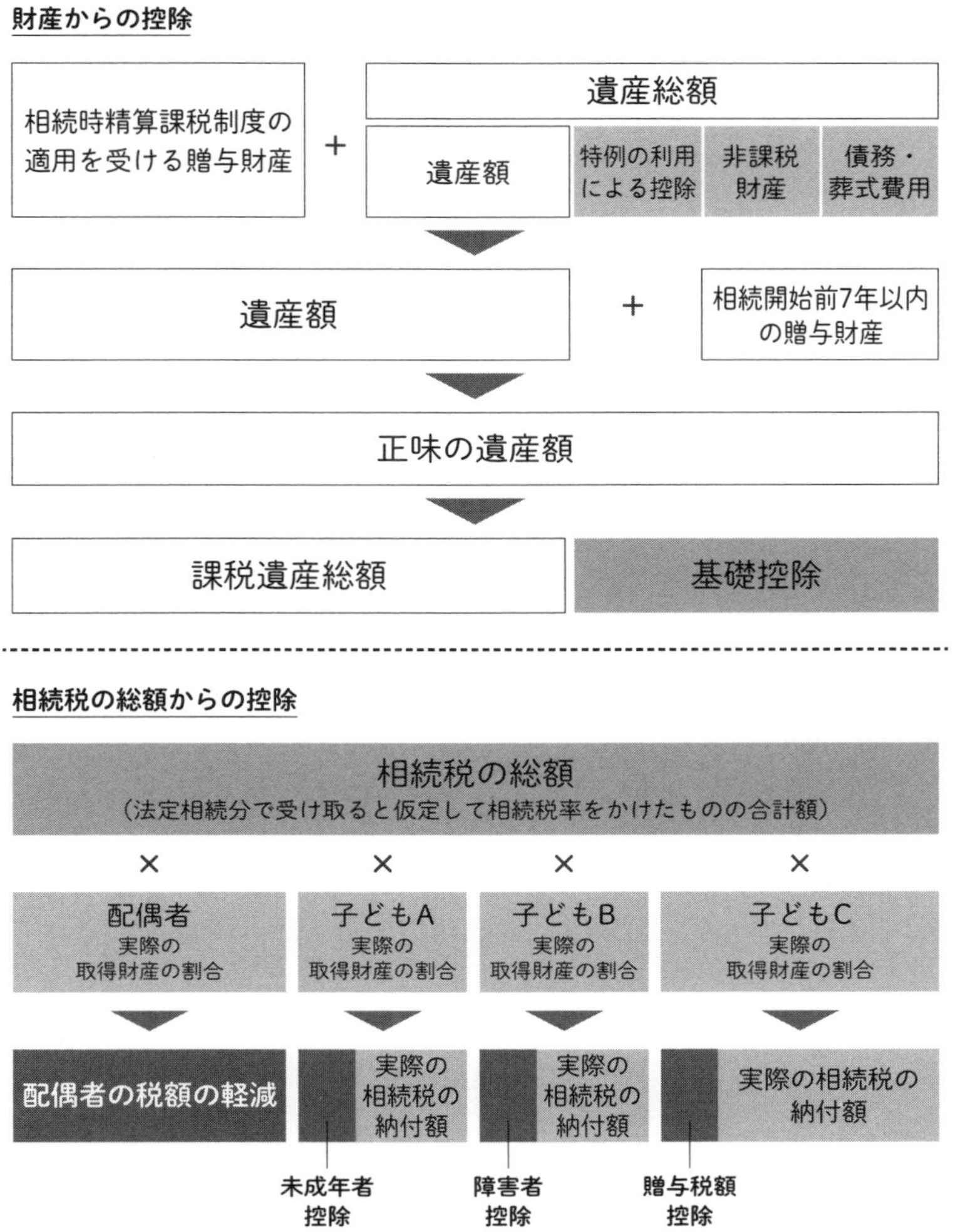

なお、持ち戻されるのは**贈与された金額のデータのみ**で、贈与された財産そのものを返さなければいけないという意味ではありません。

また、**持ち戻されるのは贈与されたときの金額で、相続開始時に残されていた金額ではありません。**相続開始までに贈与された財産を受贈者が使い切っていても、相続財産には贈与されたときの金額が持ち戻されてしまいます。

■贈与税額控除とは？

7年以内加算として持ち戻された贈与は相続税の対象になりますが、その贈与がすべて非課税枠内でおこなわれていた場合は特に問題はありません。

しかし、贈与が課税対象となり、贈与を受けた人が贈与税を納めていたとしたら、相続税が課されると税が二重に徴収されることになります。

そこで、持ち戻された贈与について納めていた贈与税は、その税額を相続税から差し引いて、税の二重徴収を回避する措置がとられます。これが**贈与税額控除**です。

持ち戻された贈与がすべて非課税でおこなわれていた場合は、税の二重徴収には当たらない

■ 図29　「贈与の持ち戻し」とは

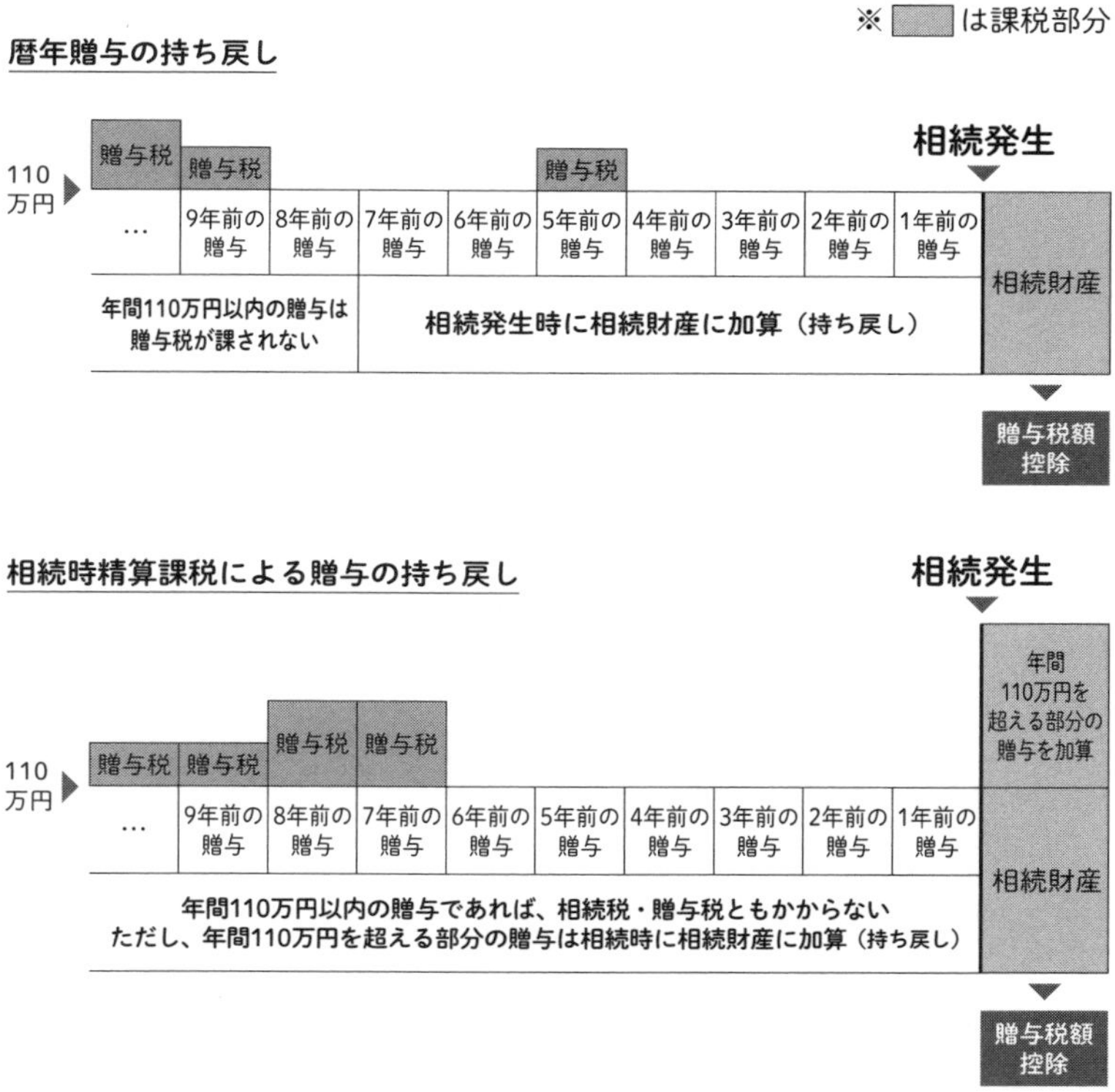

贈与税額控除の計算方法

$$\text{被相続人から贈与を受けたその年分の贈与税額} \times \left(\frac{\text{相続財産計算時に加算した贈与財産の価額}}{\text{その年分の贈与財産の合計額}} \right)$$

ので、贈与税額控除は適用されません。

贈与税額控除の計算式は、111ページ図29に記したとおりです。

複数年にわたって贈与税を納めていた場合は、納めた年ごとに同じ計算をおこないます。その合計が、「暦年課税分の贈与税額控除の額」となります。

■税金を納めすぎても返金はされない

贈与税額控除は、「贈与税を納付した人に課される相続税」から差し引きます（相続税の総額から差し引くわけではない）。

もし、贈与税額控除の額がその人の相続税額よりも多い場合は、「控除不足額」が発生しますが、不足分は還付されません。税の納めすぎのままになるということです。

この税の納めすぎを是正する措置は、残念ながら、現状では設けられていません（なお、相続時精算課税にかけられた贈与税の控除には還付措置がある）。

相続税のしくみ③

配偶者のみが活用できる配偶者の税額の軽減

配偶者の税額の軽減とは、被相続人の配偶者が相続で得た財産のうち、**一定の金額までは相続税がかからない**という制度です。

この制度における「配偶者」とは、法律上の婚姻関係（婚姻届を出している）にある人に限られます。事実婚をしている人や内縁関係にある人は認められません。

非課税金額は、図30（115ページ）のA・Bいずれか高いほうです。ほとんどの場合、Aの1億6000万円以内におさまりますが、1億6000万円を超えて相続しても、法定相続分までは非課税となります。

配偶者の税額の軽減の適用を受けるには、**相続税の申告が必須となります。**

巨額の非課税枠が設定されているため、配偶者が相続した財産はほぼ非課税となり、納税自体は不要になります。しかし、「軽減により、納税が不要であること」の証明として、申告はしなければなりません。

配偶者の税額の軽減では、配偶者が**実際に取得した財産をもとに、軽減される額を計算することになっています。**

たとえば「被相続人の財産の2分の1」といった、あいまいなかたちではなく、土地ならどの地番のどれだけの面積で評価額がいくら、預金ならどの銀行の何という口座の何円分など、具体的に計算できるかたちでなければなりません。

申告には、遺産分割協議書の写しなど、配偶者が取得した財産がわかる書類の添付が求められます。遺産分割協議書の写しには、相続人全員の印鑑証明書も添付します。

つまり、相続人全員の合意のもと、具体的な遺産分割（あるいは遺言書に基づく相続手続き）を申告までに終えて、はじめて、配偶者の税額の軽減を受けられるのです。

なお、相続税の申告期限までに遺産を分割できなかった場合は、「申告期限後3年以内の分割見込書」を添付して相続税を申告し、3年以内に分割を完了して、更正の請求をおこなうこ

■ 図30　配偶者の税額の軽減とは

配偶者が相続した「正味の遺産額」のうち、
A・Bのいずれか高い額が非課税となる

配偶者が相続した正味の遺産額 ≦ Ⓐ1億6,000万円 または Ⓑ法定相続分相当額

二次相続での注意点

- 「配偶者の税額の軽減」が使えない
- 基礎控除額が600万円下がる
- 配偶者自身の財産が相続財産に加わる

ケースA

	被相続人	相続人			基礎控除額	相続税
		配偶者	子	子		
一次相続	1億円	5000万円	2500万円	2500万円	4800万円	315万円
二次相続	2000万円（配偶者の財産）+5000万円		3500万円	3500万円	4200万円	320万円

※「配偶者の税額の軽減」アリ

ケースB

	被相続人	相続人			基礎控除額	相続税
		配偶者	子	子		
一次相続	1億円	1億円	0	0	4800万円	0
二次相続	2000万円（配偶者の財産）+1億円		6000万円	6000万円	4200万円	1160万円

※「配偶者の税額の軽減」アリ

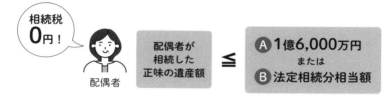

とで、配偶者の税額の軽減を利用できます。

■二次相続まで考えて相続する

配偶者の税額の軽減の対象者は配偶者のみのため、配偶者の相続する財産を多めにすれば、他の相続人の相続税額を減らせます。

このことから、配偶者にめいっぱい相続してもらって、相続税を軽減する人もいます。

しかしこの方法は、配偶者が亡くなったときの相続（二次相続）までトータルで考えると、相続税を押し上げることにもなりかねません（115ページ図30ケースA・Bを参照）。

次回の相続時に多額の相続税が発生しないように、初回の相続での熟慮が必要です。

相続税のしくみ④

扶養義務者にもメリットがある障害者控除・未成年者控除

法定相続人が85歳未満の障害者、あるいは18歳未満（２０２２年３月31日以前に相続発生の場合は20歳未満）の未成年者の場合は、一定の年齢に達するまでの一定額を、相続税額から控除することができます。障害者や未成年者である相続人の経済的負担の軽減を目的としています。

■障害者の税額控除とは？

障害者の税額控除の額は、**10万円に、相続開始時の年齢から85歳になるまでの年数を乗じます**。計算式、および適用できる人の条件は、１１９ページ図31に記したとおりです。特別障害者（図内の※注参照）は、控除額が2倍になります（過去に障害者控除の適用を受けている場合には控除額に制限がかかるため、別途計算が必要となる）。

図31の適用条件の①および②には、補足があります。

まず①ですが、障害者とされるのは、身体障害者手帳または精神障害者保健福祉手帳等の交付を受けている人です。交付を受けていなくても、満65歳以上であり、かつ市区町村長や福祉事務所長から障害者控除の対象となる認定を受けている人は、適用の対象です。

また、相続税の申告までに手帳を交付されていなくても、交付申請中で一定の要件を満たせば、障害者控除を適用できます。

次に②ですが、障害者である法定相続人が相続放棄をしていても、障害者控除を受けることができます。

■控除額が相続税額より大きくなった場合の対処法

障害者の税額控除は、障害者である法定相続人の年齢を85歳から差し引いて乗じるので、場合によっては相続税額より大きくなり、控除額に余りが生まれることがあります。その場合、余った金額は、その**障害者の扶養義務者（※注3）の相続税額から控除**します。

これは、障害者である相続人の相続税額から控除する制度なので、相続財産を得ていないと

■ 図31　障害者の税額控除とは

障害者の税額控除の計算式

(85歳 − 相続開始日の障害者の年齢) × 10万円

(※注 特別障害者は20万円)

例1　相続開始時に相続人の年齢が50歳の場合

相続開始

50歳	51歳	52歳	53歳	… 85歳
10万円	10万円	10万円	10万円	10万円

10万円 × 35年(85 − 50) = 350万円

例2 「相続税額＜障害者控除額」となる場合

相続開始時に相続人の年齢が50歳とする

障害者控除額 350万円 − 相続税額 200万円 = 150万円 → 扶養義務者の相続税額から差し引く

適用条件（すべてにあてはまる人）

①相続開始日において障害者である
②法定相続人である
③相続開始日に日本国内に住所がある
④相続または遺贈により財産を取得した

※注　障害者のうち特に重度の障害がある人

- 身体障害者手帳の等級が「一級」または「二級」
- 療育手帳の等級区分が「A」(「マルA」「A2」など)
- 精神障害者保健福祉手帳の等級が「一級」
- 重度の知的障害者と判定されている
- 身体の障害で寝たきりであり、複雑な介護を必要とする　…など相続税が発生せず、控除もおこなわれません。つまり、その人が少額でも相続し、相続税が課されれば、**余った分を扶養義務者の相続税額から控除できる**、ということです。

■未成年者の税額控除とは？

未成年者の税額控除の額は、**10万円に、相続開始時の年齢から18歳になるまでの年数を乗じます**。計算式、および適用できる人の要件は図32に記したとおりです。

未成年者控除も、障害者控除と同じく、未成年の法定相続人が相続放棄をしていても、受けることができます。

また、これも障害者と同じく、未成年者である相続人の控除額に余りが生まれれば、扶養義務者の相続税額から控除します。つまり、**少額でも相続して相続税が課されれば、控除額の余り分は扶養義務者の相続税額から控除できる**ということです。

※注3　配偶者、直系血族および兄弟姉妹のほか、三親等内の親族のうち家庭裁判所から「扶養義務がある」と指定された人。

■ 図32　未成年者の税額控除とは

(18歳 − 相続開始日の年齢) × 10万円

例1　相続開始時に相続人の年齢が15歳の場合

相続開始
▼

15歳	16歳	17歳	18歳
10万円	10万円	10万円	

10万円 × 3年(18 − 15) ＝ 30万円

相続税額 100万円 − 未成年者控除額 30万円 ＝ 70万円

例2　「相続税額＜未成年者控除額」となる場合

未成年者控除額が余る場合は、扶養義務者に分けることができる

未成年者控除額 30万円 − 相続税額 20万円 ＝ 10万円 ➡ 扶養義務者の相続税額から差し引く

適用条件（すべてにあてはまる人）

①相続開始日において未成年である
②法定相続人である
③相続開始日に日本国内に住所がある
④相続開始日に日本国内に住所がなくても次のいずれかにあてはまる

- 日本国籍を持ち、相続開始前10年以内に日本国内に住所があった
- 被相続人が外国人あるいは非居住被相続人（相続開始時に日本に住所がない）ではない

⑤相続または遺贈により財産を取得した

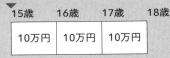

■未成年者の相続と特別代理人

未成年者が法律行為をするときは、その法定代理人（多くは親権者）の同意を得る必要があります。

しかし、遺産分割協議は相続人全員参加が基本なので、相続人の中に親権者もいるケースが多く、利益相反（親権者は、未成年者の意思に関係なく自由に相続財産を手にすることができる）が生じます。このため、特別代理人を家庭裁判所で選任する必要があります。

特別代理人には資格は不要です。**被相続人の財産を相続しない成人であれば誰でもなれます。**多くの場合、親族の中から相続人ではない人を選ぶケースが多いです。たとえば、孫養子なら、その子の父母夫婦のうち、被相続人の子に当たる人は特別代理人になれませんが、その配偶者であれば特別代理人になれます。

なお、特別代理人の選任を家庭裁判所に申し立てるときは、遺産分割協議案をあわせて提出します。この内容が未成年者に不利であれば、特別代理人の選任が認められないことがあります。

相続税のしくみ⑤

前回の相続から10年以内で使える相次相続控除

相続は対価なしで財産を引き継ぐため、相続税はほかの税に比べて税率が高めに設定されています。

短い期間に相続が重なる（相次相続）と、立て続けに相続税が課されることになり、遺族は困窮します。このため、前回の相続から10年以内にふたたび相続が生じた場合は、相続税から一定の金額を控除することができます。

これが**相次相続控除**です。

■相次相続控除のしくみ

相次相続控除は、前回の相続で相続人であった**被相続人が納付した相続税**をもとに計算し、今回の相続人の相続税額から控除します。

相次相続控除は10年以内で、**1年につき10％の割合で減額する計算**になっているので、前回の相続から今回の相続までの期間が短いほど控除額が大きくなります。

相次相続控除の計算式と適用条件は、125ページ図33に記したとおりです。

■前回の相続税を納めているのが前提の制度

相次相続控除は、「被相続人が前回の相続で相続税を納付しているので、10年以内に起こった今回の相続税は少なめでいい」という規定です。つまり、**被相続人が前回の相続で相続人として財産を得て、かつその相続税を納めていることが前提**です。

被相続人が前回の相続で相続税を納めていなければ、相次相続控除も適用されません。

たとえば、今回の被相続人が前回の被相続人の配偶者だった場合、「配偶者の税額の軽減」を利用して相続税が課されていなければ、相次相続控除はできません。

■ 図33　相次相続控除とは

$$\underset{\text{A}}{\text{前回の相続税}} \times \frac{\overset{\text{C}}{\text{前回の相続財産の残り（被相続人の財産）}}}{\underset{\text{B}}{\text{前回の相続財産}} - \underset{\text{A}}{\text{前回の相続税}}} \times \frac{\overset{\text{D}}{\text{自分が相続する財産}}}{\underset{\text{C}}{\text{前回の相続財産の残り（被相続人の財産）}}} \times \frac{\text{10年} - \text{E}}{\text{10年}}$$

A　前回の相続で、被相続人が課せられた相続税額※

B　前回の相続で、被相続人が取得した純資産の価額

（取得財産の価額 ＋ 相続時精算課税（適用財産の価額）－ 債務および葬式費用の金額）

C　今回の相続によって、相続人、受遺者全員が取得した純資産の総額

D　今回の相続によって、相次相続控除対象者が取得した純資産の価額

E　前回の相続から今回の相続までの期間（1年未満は切り捨て）

適用条件

①被相続人の相続人である

②前回の相続（10年以内）で被相続人が財産を取得している

③前回の相続で被相続人が相続税を課されている

※Aの相続税額は相続時精算課税に係る贈与税額控除後の金額をいい、附帯税等を除く

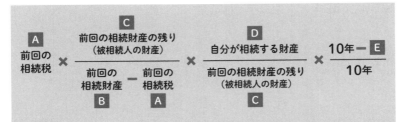

相続税のしくみ⑥

「相続税」と「贈与税」の税率の違い

誰かに対価なしで財産を譲りたいとき、とれる方法には、**生前贈与**と**相続**（**遺贈も含む**）の2つがあります。それぞれ、基礎控除額や税率、さまざまな控除・特例も異なりますが、**ケースによっては贈与税のほうが低くなったり、相続税のほうが低くなったりします**。

たとえば、生前贈与のひとつである暦年贈与は、「贈与で受け取った金額が年間110万円以下であれば贈与税は課されない」という基礎控除を利用した節税対策です（生前贈与後に相続が発生した場合、一定の期間の贈与は相続財産に加算されるため注意が必要）。

土地を持っている場合は、相続時に小規模宅地等の特例を活用したほうが、評価額が大幅に下がり、節税対策になります。

こうした税制上のルールをうまく使いこなすと、納税額を全体で減らせます。相続税のみにとらわれず、さまざまなケースを想定して、節税対策をするとよいでしょう。

■ 図34 相続税と贈与税の税額の比較表

相続税

各法定相続人の相続分	相続税率	控除額
1,000万円以下	10%	—
3,000万円以下	15%	50万円
5,000万円以下	20%	200万円
1億円以下	30%	700万円
2億円以下	40%	1,700万円
3億円以下	45%	2,700万円
6億円以下	50%	4,200万円
6億円超	55%	7,200万円

贈与税

18歳以上の子・孫が父母・祖父母から受けた贈与（特例贈与財産）
（2022年3月31日以前の贈与については20歳）

贈与額から110万円差し引いた残額	贈与税率	控除額
200万円以下	10%	—
400万円以下	15%	10万円
600万円以下	20%	30万円
1,000万円以下	30%	90万円
1,500万円以下	40%	190万円
3,000万円以下	45%	265万円
4,500万円以下	50%	415万円
4,500万円超	55%	640万円

上記以外の贈与（一般贈与財産）

贈与額から110万円差し引いた残額	贈与税率	控除額
200万円以下	10%	—
300万円以下	15%	10万円
400万円以下	20%	25万円
600万円以下	30%	65万円
1,000万円以下	40%	125万円
1,500万円以下	45%	175万円
3,000万円以下	50%	250万円
3,000万円超	55%	400万円

column

外国に資産がある場合（外国税額控除）

被相続人から外国にある資産を相続（遺贈、相続時精算課税の適用を受ける贈与を含む）した場合は、日本の法律に基づく相続税が課されます。ところが、国によっては、その国の相続税に当たる税も課されることがあります。複数の国から相続税が課された場合、多重課税を調整するため、外国で課された税に相当する金額を日本の相続税から控除します。これが、相続税の外国税額控除です。外国の税率が日本の税率より高かった場合、日本の税率を超えて課された分は控除できません。

外国税額控除は、次のAとBのいずれか少ない金額になります。

A　外国で課せられた税額（相続税に当たる）の合計額（※注　為替レートをもとに円に換算）

B　相続税額×（外国にある資産の価額－外国にある資産にかかる債務）÷（純資産価額＋相続開始年分の生前贈与加算額）

第3章

遺産分割の「ルール」を学ぶ

遺産分割の基本

遺産を分ける方法には、**遺言書を基準とする方法**（指定分割）、**遺産分割協議を基準とする方法**（協議分割）、**調停・審判を基準とする方法**（調停分割・審判分割）があります。それ以外の方法は、法的に無効です。最高裁判所判例では、指定分割を優先すべきとされています。

相続手続きにあたり、まずは被相続人の遺言書の有無を確認するのが基本です。遺産分割協議後に遺言書が発見された場合、ふたたび分割をやり直さなければならないからです。

■ 遺言書がある場合の遺産分割

遺言書の種類には、**自筆証書遺言**、**公正証書遺言**、**秘密証書遺言**がありますが、法的な効力に違いはありません。**最も新しく作成された遺言書が効力を持ちます。**異なるのは、法務局ま

■ 図 35　遺言書の種類と特徴

遺言書の種類	保管場所	検認	調べ方
自筆証書遺言（遺言書情報証明書なし）	個人（本人や弁護士）	要	なし
自筆証書遺言（遺言書情報証明書あり）	法務局	不要	関係遺言書保管通知
公正証書遺言	公証役場	不要	公証役場「遺言検索」システム
秘密証書遺言	公証役場	要	公証役場「遺言検索」システム

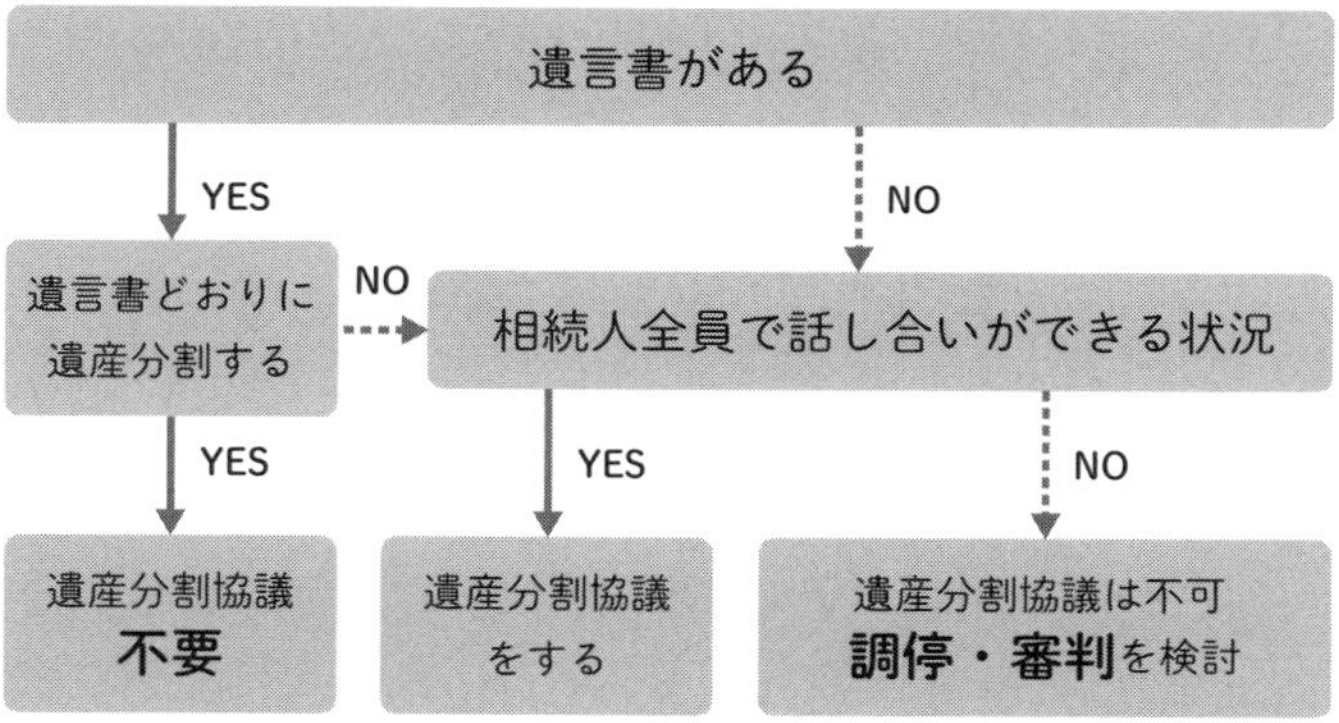

たは公証役場で保管されているかどうか、検認が必要かどうかの2点だけです。

検認とは、相続人の立ち会いのもと、家庭裁判所で遺言書を開封して内容を確認する手続きです。相続人に遺言の存在と内容を知らせる役割と、偽造・変造を防止する役割があります（検認前に遺言書を開封した場合、他の相続人から告訴されれば5万円以下の過料に処せられる）。

自筆証書遺言と秘密証書遺言は、検認をおこなわなければ、その後の相続手続きがきわめてやりにくくなります（不動産の相続登記や銀行口座の凍結解除などができない）。

検認は「相続人が申し立てて立ち会う」とされますが、遺言書の開封までは相続人はわからないので、実際は法定相続人がおこなうことになります。立ち会いには相続人全員が出席する必要はありません。

■遺言書がない・遺言とは異なる遺産分割にする場合

遺産分割では遺言が最優先されますが、遺言書がない、あるいは遺言とは異なる遺産分割にしたい場合は、次の方法で遺言と異なる遺産分割に変更できます。

遺産分割協議

遺言書がない場合、あるいは遺言とは異なる遺産分割にしたい場合は、相続人全員で遺産分割協議をおこないます。遺言書がある場合でも、相続人全員で話し合い、合意に至れば、遺言と異なる分割が可能です。ただし、**法定相続人だけでなく、遺言書に記されたすべての相続人が合意する必要があります。**

調停・審判

遺産分割協議で合意に至らなければ、家庭裁判所を通して遺産分割調停をおこないます。これは、家庭裁判所の裁判官と調停委員が相続人の主張を聞き、合意を目指す方法です。調停でも合意に至らない場合は、遺産分割審判をおこないます。これは、家庭裁判所の裁判官が審判によって遺産分割方法を決めるものです。

このほかに、遺言書式の不備や被相続人の判断能力の欠如などを理由に、「遺言自体が無効である」とする訴訟を起こすことも可能です。遺言が無効と確定された場合は、遺言書がなかったものとなり、相続人全員による遺産分割協議が必要となります。

■遺産分割協議の流れ

遺言書がない、あるいは「遺言とは異なる遺産分割にする」と相続人全員が合意した場合は、遺産分割協議をおこないます。遺言にない財産があった場合も、遺産分割協議で話し合います。

遺産分割協議で相続人全員の合意が得られたら、決まった内容をまとめた**遺産分割協議書**を作成し、全員の実印を押します。

遺産分割協議書の作成には期限はありません。しかし、**遺産分割協議書は相続税の申告や相続財産の名義変更などの手続きに不可欠な書類**です。申告期限である**10か月以内の成立を**目指したほうがいいでしょう。

なお、遺産分割協議書には決まったフォーマットがないため、手書きでもパソコンを使用しての作成でも問題ありません。ただし、書かなくてはいけない内容があります（ひな形・記入例を国税庁・法務局のホームページからダウンロードできる）。遺産分割協議書は、司法書士や行政書士などに作成してもらうこともできます。

■ 図 36　遺産分割協議の流れ

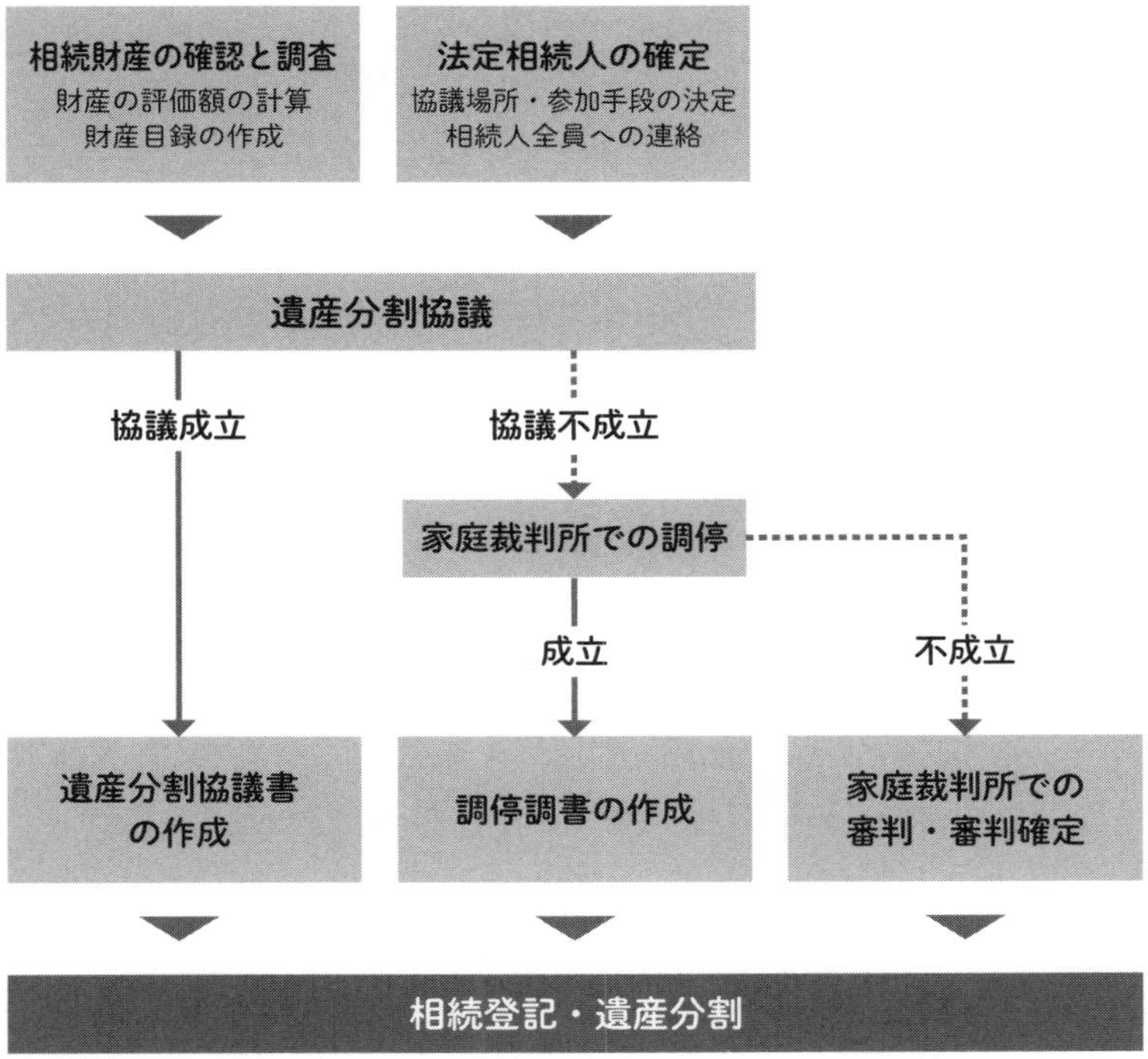

遺産分割のルール①

遺産分割協議は相続人全員でおこなう

遺産分割協議には**相続人全員の参加が必須**です（相続人が未成年の場合は法定代理人をたてることがある）。そのため、**戸籍調査で法定相続人を確定し、遺産についての全員の意思がわかる手立て**を打ったうえで、遺産分割協議を進める必要があります。相続手続き後に新たな法定相続人が判明した場合、もとの遺産分割協議で決めた内容は無効になります。

すべての法定相続人を調べるには、**被相続人の一生分の戸籍全部事項証明書（戸籍謄本）**が必要です。出生から死亡まで、時期に空白があってはいけません。

一般的に、被相続人の本籍地の地方公共団体の窓口で、相続に使う旨を伝えれば、出生から死亡までの証明書を発行してもらえます。

結婚や転籍などで本籍地が変わっている場合は、それぞれの本籍地で同じ申請をおこなう必要があります。以前の本籍地は、直後の本籍地の戸籍全部事項証明書に記載されています。

■ 図 37　被相続人に子どもがいない場合の法定相続人

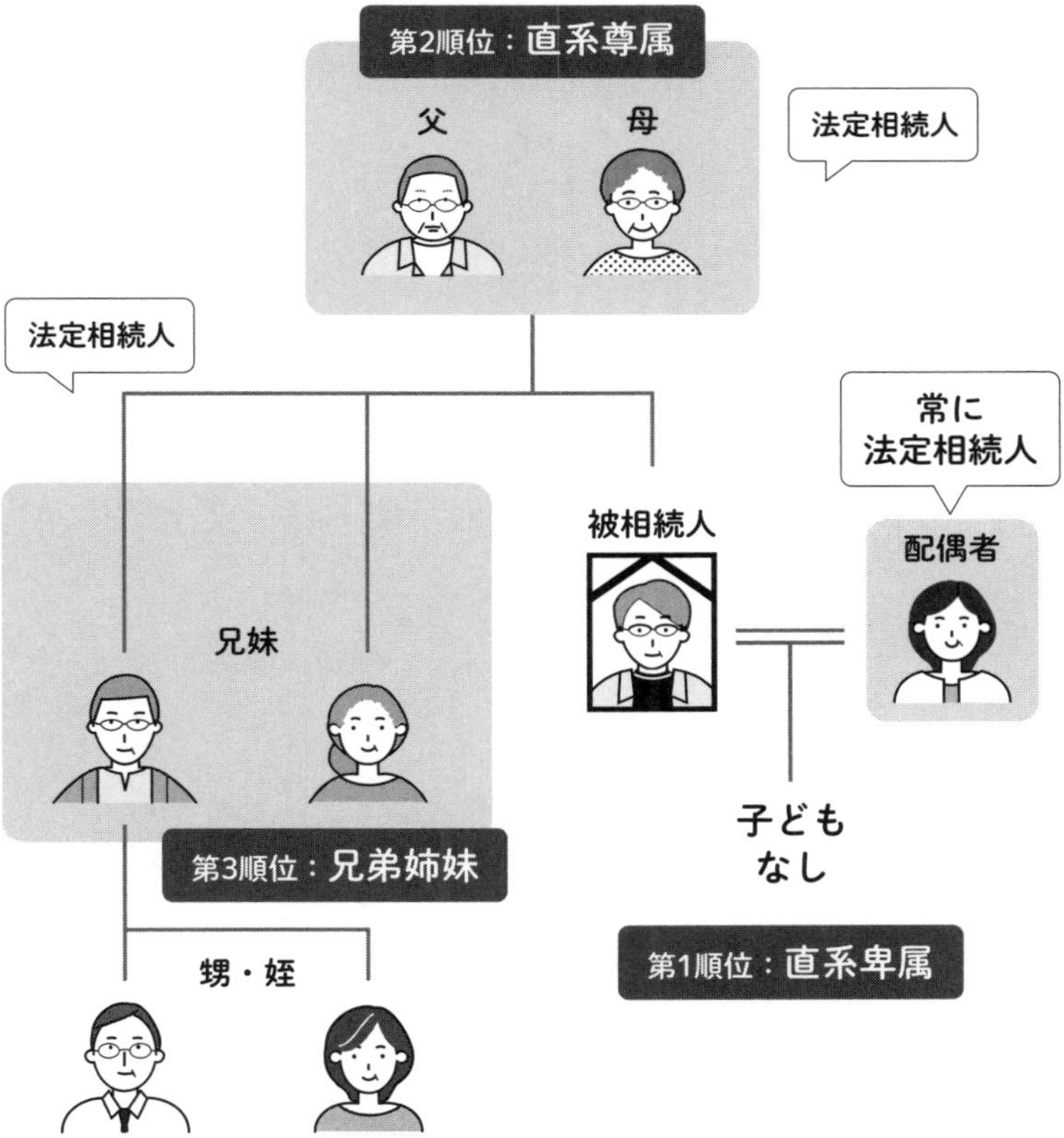

なお、法定相続人の誰かが亡くなっていた場合は、その人の代わりに相続（**代襲相続**）できる人を確定させる必要があるので、その人の子どもの戸籍も調べましょう。また、被相続人に子どもがいない場合は、被相続人の**配偶者**と**親**が法定相続人となります。親や祖父母が亡くなっており、兄弟姉妹がいる場合は、**配偶者**と**兄弟姉妹**が法定相続人になります。兄弟姉妹も亡くなっている場合は、代襲相続人として**甥**や**姪**が法定相続人となります。

このほか、被相続人の非嫡出子には本来相続権はありませんが、被相続人から認知されていれば財産を相続する権利を持ちます。

認知されていない非嫡出子には、死後認知の訴訟を起こす権利があり、勝訴すれば相続権を得て法定相続人となります。

配偶者の連れ子を養子にしていた場合、その婚姻関係が解消されても、養子縁組の解消がされていなければ法定相続人となるので注意が必要です。

遺産分割のルール②

法定相続人に一定額の相続財産を保障する制度がある

法定相続人には民法で相続権が認められており、被相続人との関係に応じて「相続権の認められる割合」が定められています。

それが**法定相続分**で、**相続権のそれぞれの持ち分**を示したものです。

あくまで権利の割合なので、実際に遺産をそのとおりに分配する義務はありません。

しかし、それぞれの相続権の持ち分のうちには、「これだけは、他人が絶対に権利を侵してはならない」という最低保障割合があります。

それが、**遺留分**《いりゅうぶん》です。

遺言書で相続権をひどく侵害される指定があった場合（遺産をまったくもらえない場合など）は、遺留分に相当する金銭の支払いを請求できます（くわしくは次項参照）。

■それぞれの法定相続分と遺留分

遺産分割を法定相続分どおりにおこなう義務はありませんが、「法律ではこう分けられている」「法律上これだけは侵してはならない」という**法律の前提で話を進めると、遺産分割はスムーズに進みます。**

遺留分を侵害された場合、まずは遺留分を侵害した相手と連絡をとり、遺留分を払ってほしいことを伝え、話し合いをします。相手が支払ってくれる場合は、合意書を作成して保管しておきましょう。

なお、実際の遺留分侵害額を導き出すためには、やや複雑な計算が必要です。弁護士などに相談することをおすすめします。

それぞれの法定相続分と遺留分は、図38に記したとおりです。

■ 図38　法定相続人の法定相続分と遺留分

		配偶者がいる	配偶者がいない
配偶者のみ	法定相続分	1（全部）配偶者	
	遺留分	$\frac{1}{2}$	
子どもがいる	法定相続分	配偶者 $\frac{1}{2}$、子ども $\frac{1}{2}$ 子どもの数で等分配	子ども 子どもの数で等分配
	遺留分	配偶者 $\frac{1}{4}$、子ども $\frac{1}{4}$ 等分配	$\frac{1}{2}$ 等分配
子どもがおらず父母がいる	法定相続分	配偶者 $\frac{2}{3}$、父母 $\frac{1}{3}$ 該当者の数で等分配	1（全部）父母 該当者の数で等分配
	遺留分	配偶者 $\frac{1}{3}$、父母 $\frac{1}{6}$ 該当者の数で等分配	$\frac{1}{3}$ 該当者の数で等分配
子ども・父母がいない	法定相続分	配偶者 $\frac{3}{4}$、兄弟姉妹 $\frac{1}{4}$ 該当者の数で等分配	1（全部）兄弟姉妹 該当者の数で等分配
	遺留分	配偶者 $\frac{1}{2}$ 兄弟姉妹は遺留分なし	兄弟姉妹は遺留分なし

■遺留分を侵害されたら

不公平な遺言や生前贈与に納得できず、相続人の間で話し合いがつかない場合は、遺留分侵害額請求の調停を家庭裁判所に申し立てます。

遺留分侵害額請求とは、相続にあたり遺留分を侵害された相続人が、侵害した人へ、侵害された分を**お金で支払うように求めること**です。

かつては遺留分減殺請求といって、遺言内容や贈与の効力そのものを失わせるように求めるものでした。しかし、それでは遺留分は相続人全員の共有財産に戻り、遺産争いを長引かせることになります。そこで、「お金を支払って済ませましょう」というかたちに改まりました。

遺留分侵害額請求権を行使できる期間は、**相続開始および遺留分を侵害する贈与または遺贈を知ったときから1年間**です。期間をすぎれば権利が消滅してしまいます。

なお、遺留分の侵害額請求ができるのは、**被相続人の兄弟姉妹を除く二親等以内の法定相続人のみ**で、配偶者、子ども、孫、親、祖父母などです。

■ 図39　遺留分侵害額請求の手順

申し立てができる人：遺留分を侵害された法定相続人（二親等以内）
兄弟姉妹は申し立てできない。亡くなっている場合は、その権利を相続した人

申立先：侵害した人が住む所の家庭裁判所（自分の住む所の家庭裁判所ではない）。
両者が合意すれば、別の家庭裁判所でもOK

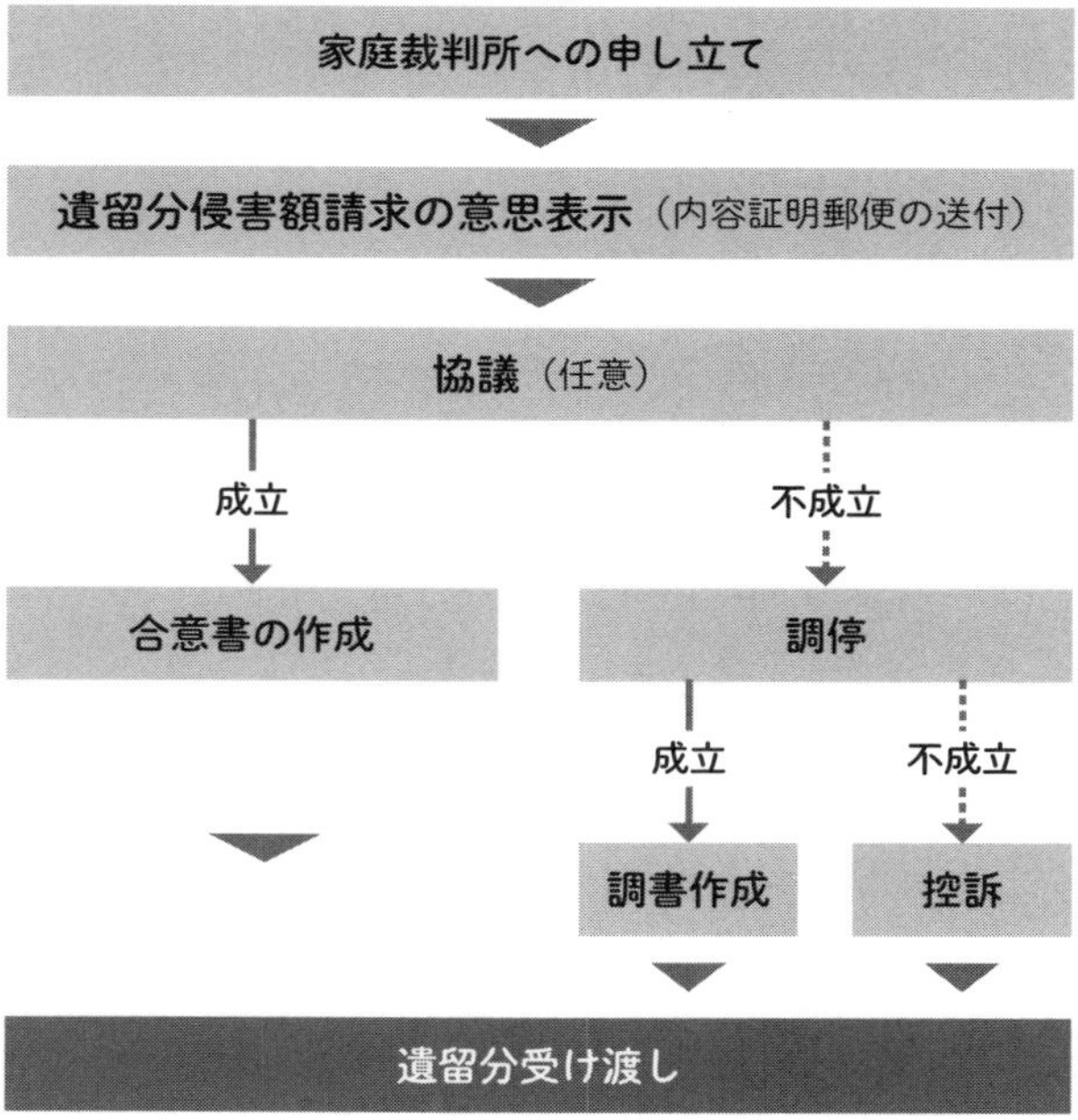

遺留分侵害額の請求調停の申立書の記入例（最高裁判所）

https://www.courts.go.jp/saiban/syosiki/syosiki_kazityoutei/lsyosiki_01_63/index.html

遺産分割
のルール
③

遺産分割の方法は4種類ある

遺産分割では、物理的に分けられない遺産も少なくありません。遺産の形態や相続人の事情に応じて、左の図に記した4つの分割方法を適宜用いるとよいでしょう。それぞれメリットとデメリットがあります。

① 現物分割　遺産をそのままの形で分ける
② 代償分割　遺産を受け取った人が代償金を支払う
③ 換価分割　遺産を売却して、対価を分ける
④ 共有分割　相続人の間で財産を共有する

■ 図40　4つの遺産分割のメリット・デメリット

分割方法	選ばれる場面	メリット	デメリット	注意点
現物分割	原則的な方法	●手続きが簡単（遺産の名義を、相続した人に変更すれば完了） ●遺産を「そのままの形」で引き継げる	分けられない遺産もあり、不公平になりやすい	土地の場合、評価額も利便性もまったく同じにはなりにくいため、もめやすい
代償分割	現分では分けられない財産を分割するとき	●遺産を「そのままの形」で引き継げる ●特例を適用できれば相続税を軽減できることもある	●代償金を支払う原資が必要になる ●土地の代償金の算出方法でもめる	●土地を引き継ぐ相続人にとっては評価額が安いほうがいいが、代償金を受け取る相続人にとっては高いほうがいいなど、もめやすい ●所得税の軽減になるが、負担増もあり得る（居住用宅地を将来売却したときに、「居住用財産を譲渡した場合の3000万円の特別控除の特例」(注1)を適用できる可能性がある。一方で、「相続税の取得費加算の特例」(注2)が制限される可能性もある） 注1　居住用財産を売却して所得税を納める際、譲渡所得から最高3000万円まで控除できる 注2　所得税を軽減する特例で、相続開始日から3年10か月以内に相続財産を売却した場合に利用できる
換価分割	現物では分けられない財産を分割するとき	●公平な遺産分割ができる ●相続税の納付資金を準備できる	遺産を他人に売り渡さなければならない	●相続税の節税にもなるが、負担増もあり得る（現物分割のために土地を分けると、評価額が上がり税の増額につながることがあるが、換価分割ではそれがない。一方で、相続税の申告前に換価をおこなえば、小規模宅地等の特例を利用できなくなる） ●所得税の軽減にもなるが、負担増もあり得る（空き家を換価分割すると、その対価を分け合った全員が空き家特例を使える可能性がある。一方、代償分割で適用できる「居住用財産を譲渡した場合の3000万円の特別控除の特例」について、換価分割では適用が限定的になる）
共有分割	現物・代償・換価の分割方法が使われないとき	●遺産をそのままの形で引き継げる ●公平な遺産分割ができる ●所得税の軽減になる（遺産がもたらす収入を共有する人全員で分けるので、税率を低くおさえられる）	●全員の同意がないと売却できない ●権利関係が複雑になりがち ●相続税の負担が重くなる可能性がある	相続税の申告に間に合わせるために採用されるケースが多い

相続人を確定したら、相続人全員で遺産分割の方法を話し合う遺産分割協議をおこないます。

分割方法の選び方は状況により異なりますが、現物分割→代償分割→換価分割→共有分割の順に検討されることが多くなっています。

遺産分割協議が始まると、被相続人にかかわる関係者の思いが表面化するので、トラブルが起きやすくなります。

もめやすいケースは、相続人が多い場合、相続財産の中に不動産が含まれる場合、被相続人に再婚歴がある場合、被相続人に子どもがいない場合などさまざまですが、ほかの相続人の言い分にも耳を傾け、建設的に進めていくことが大切です。

遺産分割のルール④

マイナスの財産は引き継がなくてもいい

被相続人の遺産を引き継ぎたくない場合、**相続放棄**もしくは**相続分の放棄**という方法を選ぶことがあります。

相続放棄とは、民法で認められた相続権を、家庭裁判所を通じて法的に手放すことです。放棄した人は「初めから相続人ではなかった」として**法定相続人ではなくなります**（ただし、相続税の基礎控除の計算では、相続放棄をした人も法定相続人の数に加える）。

一方、相続分の放棄とは、「自分の取り分はいらない」と、ほかの相続人に対して意思表示をおこなうことです。**相続権は維持しており、法定相続人のままです。**

実は法定相続人には、相続税の申告に先立って、「自分は遺産をどうしたいのか」を選ぶ義務があります。選択肢は、149ページ図41の3つです。

単純承認には、特別な手続きは不要です。**相続放棄や限定承認をしなければ、「単純承認を選んだ」とみなされます。**

注意点として、被相続人の遺産を遺産分割より前に使用すると（葬式費用は除く）、「単純承認を選んだ」とされ、相続放棄や限定承認はできなくなります。

相続放棄と限定承認は、家庭裁判所への申し立てが必要です。期限は、自分が法定相続人であることを知った時点から**3か月以内**です。

相続放棄は個人で申し立てができますが、限定承認は法定相続人全員が共同で申し立てなければなりません。

■相続放棄をしても受け取れる財産がある

相続放棄をした人が葬式費用を支払った場合、被相続人の遺産で充塡《じゅうてん》しても問題ありません。

また、被相続人が契約・加入した**生命保険金**や**死亡退職金**は、保険金を受け取る人の固有財産となるので、相続放棄をしていても受け取れます。

■ 図41　相続の方法

プラスの財産	①単純承認	遺産すべてを無条件で相続する
	②相続放棄	相続権を放棄し、すべてを相続しない
	③限定承認	相続人全員ですべての遺産を共有し、 遺産の範囲内で債務を弁済したのち、 遺産が残れば相続人全員の共有財産となる
マイナスの財産（債務など）	①単純承認	相続人の誰か（あるいは全員）が負う 遺産で弁済しきれない場合は、相続人の財産で弁済する
	②相続放棄	他の相続人が負う
	③限定承認	遺産の範囲内で弁済しきれない債務は、切り捨てとなる

相続分の放棄を利用するケース

- 被相続人から、すでにじゅうぶんな生前贈与を受けている
- 自分の分を、一部または全部、他の法定相続人に譲りたい
- 自分の分を、一部または全部、第三者に譲りたい
- 受け取れる遺産が少なく、協議に参加する手間のほうが惜しい
- 被相続人や遺族と、これ以上かかわりを持ちたくない
- 遺産争いに加わりたくない
- 主義として、遺産を受け取りたくない

■相続放棄で債務はどうなる?

相続放棄を考える場合は、「債務を引き継ぎたくない」という理由が少なくないでしょう。

149ページ図41は、相続の方法によるマイナスの財産の扱いの違いを記しています。

高い順位の法定相続人が全員で相続放棄をすれば、相続権は(債務も)次の順位に移ります。では、第3順位までの全員が相続放棄をした場合は、どうなるのでしょうか。

全員が相続放棄して相続人がいなくなった財産は、最終的には国のものになりますが、まずは**相続財産管理人が財産管理や処分をおこないます**。

債務は家庭裁判所の承認を経て、遺産の範囲内で弁済されます。弁済しきれない分は、連帯保証人が負います。つまり、法定相続人が債務の連帯保証人になっていた場合には、**相続放棄をしても連帯保証義務は変わらず、弁済責任を負わなければなりません**。

なお、法定相続人でない人は、もともと相続権がないので相続放棄はできません。もらいたくない遺産(債務がつく財産や、将来に損失を生む財産など)の遺贈を受けたくない場合は、次に解説する「相続分の放棄」をおこないます。

■相続分の放棄で債務はどうなる？

相続分の放棄は、遺産分割協議の場における、いわば内輪の話です。法定相続人だけでなくそれ以外の人もできます。

家庭裁判所への申し立ては不要で、期限もありません。しかし、その後の遺産分割協議や手続きを考えると、意思表示はできるだけ早いほうがいいでしょう。

もっとも、「放棄したい」という意思が認められるかどうかは、他の相続人の意思次第です。プラスの財産を放棄するならともかく、債務の放棄を認められるかは微妙なところです。最終的に、他の相続人全員が認めなければ、放棄は成立しません。

また、あくまで内輪な意思表示なので、対外的には分割協議が完了するまで弁済責任を負った債務者のままです。

このように、相続分の放棄は、債務の回避に関してはほぼ効力がありません。しかし、プラスの財産は、図41で記した状況の人がおこなうと、遺産分割協議がスムーズになり、有効です。

第4章

相続税対策の「王道」を知る

相続人の負担を減らすためにやっておきたい5つのこと

一度相続の当事者になると、「生前に、被相続人が相続対策をしてくれていたら……」と思うケースが少なくありません。

次世代に遺したい財産を持っている人は、自分が亡くなったときの相続に向けて、将来の相続人の負担を軽くする対策を少しずつ始めるといいでしょう。本項では相続手続きの負担を減らす方法について、その後は相続税を減らす対策について解説します。

① 財産目録の作成

所有財産である預貯金、有価証券や不動産などをリストアップしておけば、将来の相続のとき、調査の手間を大きく減らせます。評価額は、今後の景気の変動、税制の改正により変化するので、載せる必要はないでしょう。

あれば助かるのは、**債権と債務のリストや高額な一般動産のリスト**です。

② 債権の回収

相続人による債権回収の手間を省くために、できるかぎり回収しておきましょう。回収できそうにない債権は、生きている間に贈与しておくと、相続財産にならないので相続人の税負担を減らせます。

③ 不動産の現金化

財産の多くを不動産が占める場合、相続人は相続税の原資の調達で困ります。また、相続人が複数いる場合は、その分割にも手間取ります。

所得税とのかねあいは考慮しなければなりませんが、生きている間に売却し、現金化する選択肢も考えておきましょう。

今住んでいる自宅を将来の相続人が誰もほしがりそうにない場合は、**リバースモーゲージ**で処分する方法もあります。リバースモーゲージとは、自宅を担保にする融資で、基本的に高齢者が対象になります。融資を受けたあとも住み続けられ、融資を受けた人が亡くなると、自宅は融資元の金融機関が処分することになります。

④ 法定相続人の整理

法定相続人の本籍の履歴を書き残しておけば、将来の相続人が問い合わせるべき市区町村がわかります。

単純でない親子関係があれば、そちらも書いておきましょう（養子縁組や認知した非嫡出子など）。自分自身が養子あるいは認知された非嫡出子の場合も同様です。

夫の実子には、注意が必要です。妻が夫の戸籍に入った場合、妻の連れ子を夫の養子にすることはよくありますが、夫の連れ子を妻の養子にすることは見逃されがちです。

養子縁組をしていない夫の連れ子は、妻の法定相続人にはなれません。つまり、夫が先に他界した場合、一度妻に引き継がれた財産は、次の相続では夫の実子には渡らないことになります。

夫の実子に確実に財産を譲りたい場合は、妻と夫の実子の養子縁組をするか、遺言書でその旨を伝えましょう。

⑤ 遺言書の作成

遺言は、将来の相続人に自分の願いを伝える方法です。確実に意思を伝えるために、**公的機関での保管**をおすすめします。公証役場で公正証書遺言を作成するか、自筆証書遺言にしたい場合は、法務省の**自筆証書遺言書保管制度**を利用して保管ください。

遺言書は正しい書式で作成しなければ効力を持ちません（相続人全員が認めれば問題ない）。遺言書の書式のルールは、159ページ図42に記したとおりです。

公証役場に依頼すれば、遺言書の作成をサポートしてくれます。ただし手数料は、財産額に応じて高くなります。

自筆証書遺言には「絶対に失効しない」という保証はありませんが、法務省の自筆証書遺言書保管制度を利用して保管すると安心できます。保管手数料は、財産額に関係なく1通につき3900円です。

遺言書はいちばん新しいものが効力を持つので、とりまく状況が変われば、「書き改めたい」と思うこともあるでしょう。保管し直す際の手数料などを考えて、自分に合った方法で遺言書を作りましょう。

■遺産分割協議で遺言を撤回されないために

遺言書の内容は遺産分割をするときに最優先されますが、相続人全員が合意すれば撤回されます。

これを避けたいのであれば、「撤回には、相続人全員の合意が必要となる」という点を利用し、**信頼できる第三者への遺贈を遺言書に加えておく**方法もあります。指定した第三者が合意しない限りは、遺言は撤回できないので、自分の遺言どおりに遺産が分割されます。

第三者に遺贈する金額は、他の相続人の感情を考えて、少額のほうがいいでしょう。

■ 図42　自筆遺言書の書き方

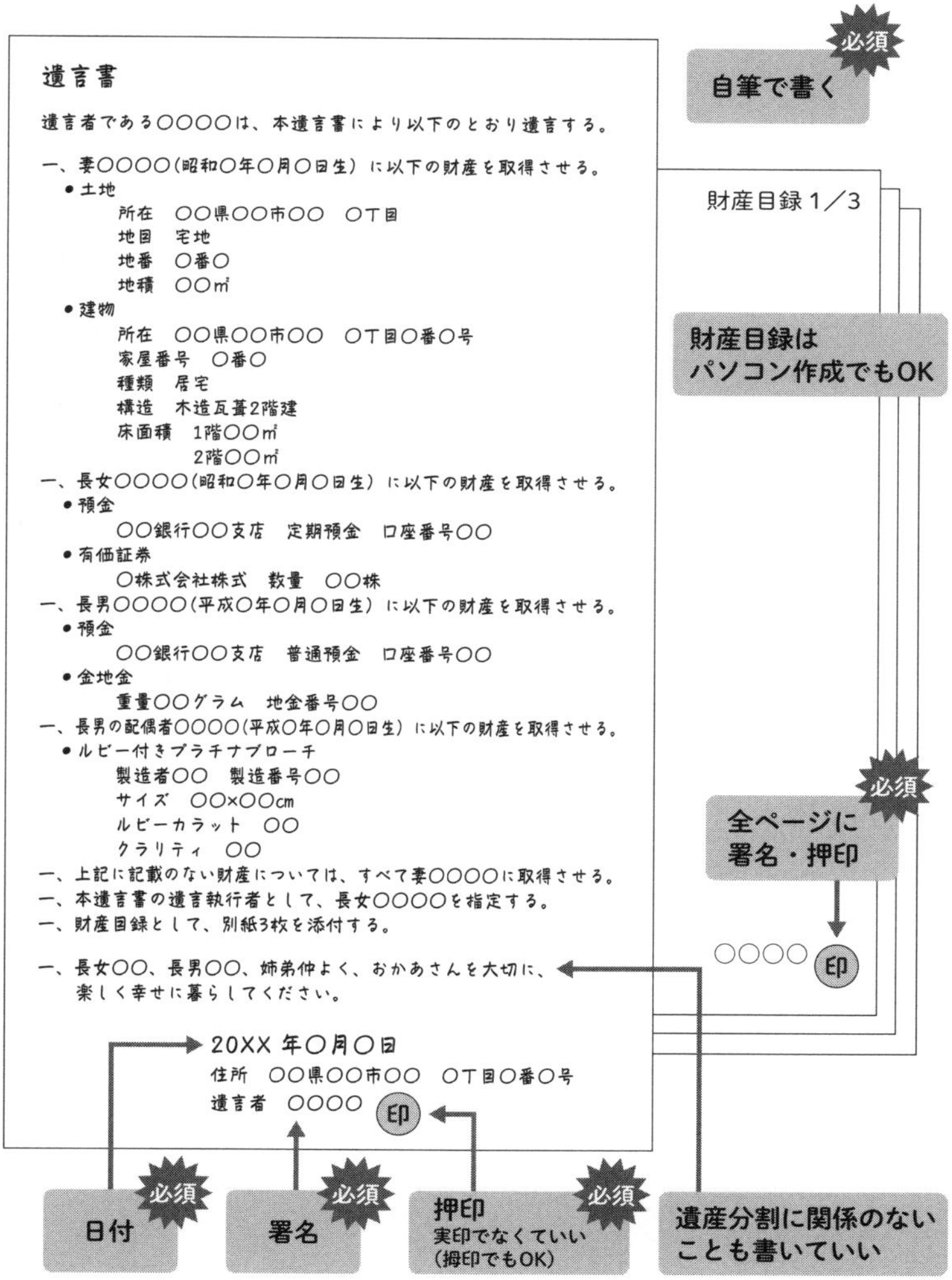

相続税を減らす方法①

暦年贈与で相続財産を減らす

財産をリストアップして全貌がわかると、将来の相続税額を把握できると思います。相続税が高額になりそうな場合は、生きている間に節税対策を講じましょう。

■暦年贈与による節税と注意点

節税対策のひとつに、**贈与税の基礎控除を利用して暦年贈与をおこなう方法**があります。

暦年贈与では、1年間に受け取った額が110万円以内であれば贈与税がかからないので、その範囲で財産を譲っていけば、相続を待たずに財産を譲っておくことができます。

ただし、基礎控除を利用するときも、贈与税負担を回避するにはいくつか注意点があります。

■ 図43　暦年課税のしくみ

暦年課税	
財産をあげる人（贈与者）	制限なし
財産をもらう人（受贈者）	制限なし
非課税枠	贈与を受ける人ごとに年間110万円
非課税限度額を超えた場合（課税額）	（贈与額－110万円）×超過累進課税（10～55％）
贈与税の申告	年間110万円を超えると申告が必要
贈与者が亡くなった場合の相続税	原則として相続財産に加算する必要はない。ただし、相続開始前7年間に受けた贈与財産は相続財産に加える
利用できる回数	制限なし。ただし、相続時精算課税の選択後は利用できない

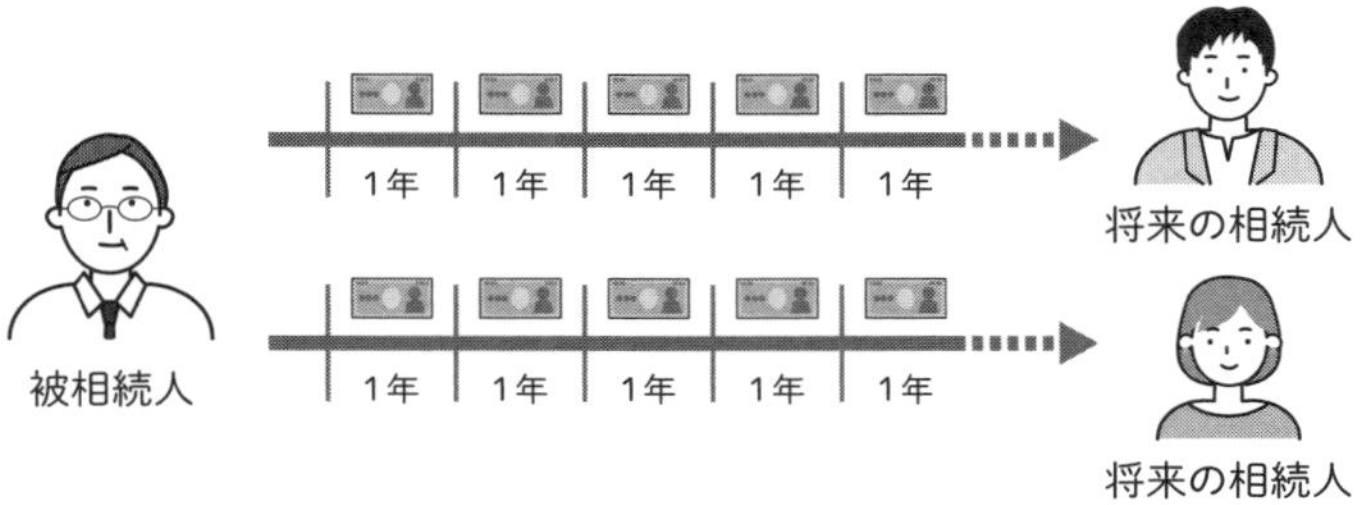

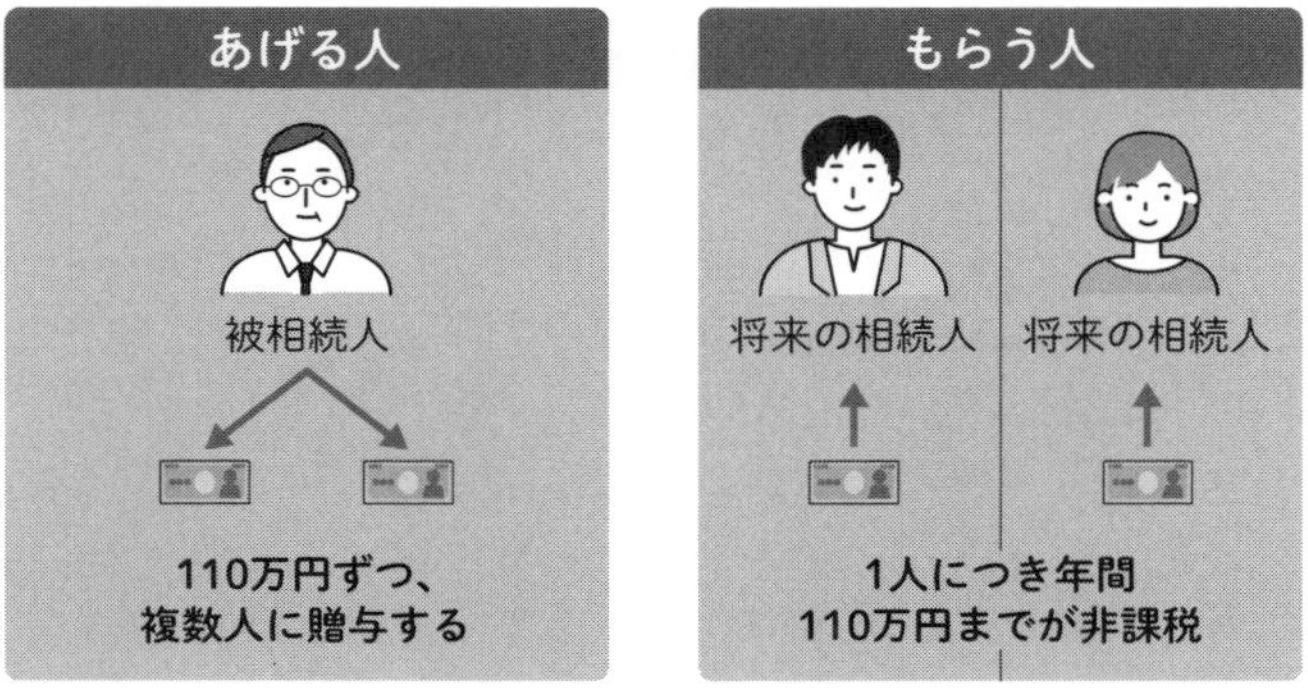

① 自分以外の人からの贈与に気をつける

贈与税は**受け取った贈与額**に対してかかり、**受け取った人が納めるもの**です。贈与したい相手が他の人からも贈与を受けていると、合計金額が基礎控除の範囲を超えてしまい、贈与税がかかる可能性があります。

② 定期的・定額ではおこなわない

定期的で定額の贈与は、「最初に、定額の贈与を定期的におこなう契約をした」とみなされます。その後の贈与額がまとめられ、契約した年に総額を「1回分」として課税されます。

③ 贈与を受けた人に口座の管理をしてもらう

贈与を受けた人が自ら開設した口座がある場合には、贈与により受け取ったお金の管理は贈与を受けた人自身にしてもらいましょう。贈与者が口座開設手続きをした場合は、すみやかに通帳を渡し、届出印は贈与を受けた人自身のものに変更しておきましょう。

④ 贈与の持ち戻しに注意する

被相続人が亡くなった日からさかのぼって7年前の日から、亡くなった日までの間に贈与された財産は、相続財産に持ち戻されます（第2章参照）。贈与をおこなうタイミングには気をつける必要があります。

これまで贈与の持ち戻し期間は3年間でしたが、税制改正により、2024年1月1日以後に取得した贈与には**7年間**となりました。相続税の節税対策としてさかんに贈与がおこなわれていたので、国が規制を強めたといえます。

ただし、2024年以前におこなわれた贈与は「7年分の持ち戻し」の対象にはなりません。法の不遡及《ふそきゅう》の原則といい、法律が制定される前にさかのぼって適用してはいけない決まりがあるからです。

このため、2026年1月までは、持ち戻されるのは3年以内の贈与になります。それ以降は段階的に持ち戻し期間が延び、2031年1月1日からは制度どおりの7年間になります。

相続税を減らす方法②

相続時精算課税制度で相続財産を減らす

相続時精算課税制度は、生きている間に財産を将来の相続人（原則として直系の子か孫）に贈与する制度で、「将来の相続が発生する前に財産を移し、子・孫を助ける」という目的で設けられました。

相続時精算課税制度による贈与は、暦年贈与の基礎控除に比べ、大きな非課税枠である**特別控除（2500万円まで）**が設定されているのが特徴です。

この制度を選んだ親―子（あるいは祖父母―孫）間でおこなわれた贈与は、**相続開始までの期間に関係なく、すべて相続財産に加算（持ち戻し）されます。**

ただし、**基礎控除額および特別控除額以内であれば、財産を受け取る人は贈与税を支払わずに財産を受け取ることができます。**

相続時精算課税制度の特別控除は、その額を使い切るまで何年でも利用でき、使いきらなけ

■ 図44　相続時精算課税制度のしくみ

相続時精算課税制度	
財産をあげる人（贈与者）	贈与した年の1月1日時点で60歳以上である父母または祖父母
財産をもらう人（受贈者）	贈与された年の1月1日時点で18歳以上の推定相続人および孫
非課税枠	●贈与を受ける人ごとに、年間110万円 ●贈与をする人ごとに相続開始まで原則累計2500万円
非課税限度額を超えた場合（課税額）	（贈与額－110万円－2500万円）×一律20％
贈与税の申告	金額にかかわらず、贈与税申告書と相続時精算課税選択届出書の提出が必要
贈与者が亡くなった場合の相続税	基礎控除額（110万円）を超えた贈与財産はすべて、贈与時の価額で相続財産に加算する
利用できる回数	制限なし。ただし、いったん選択すると相続開始時まで継続

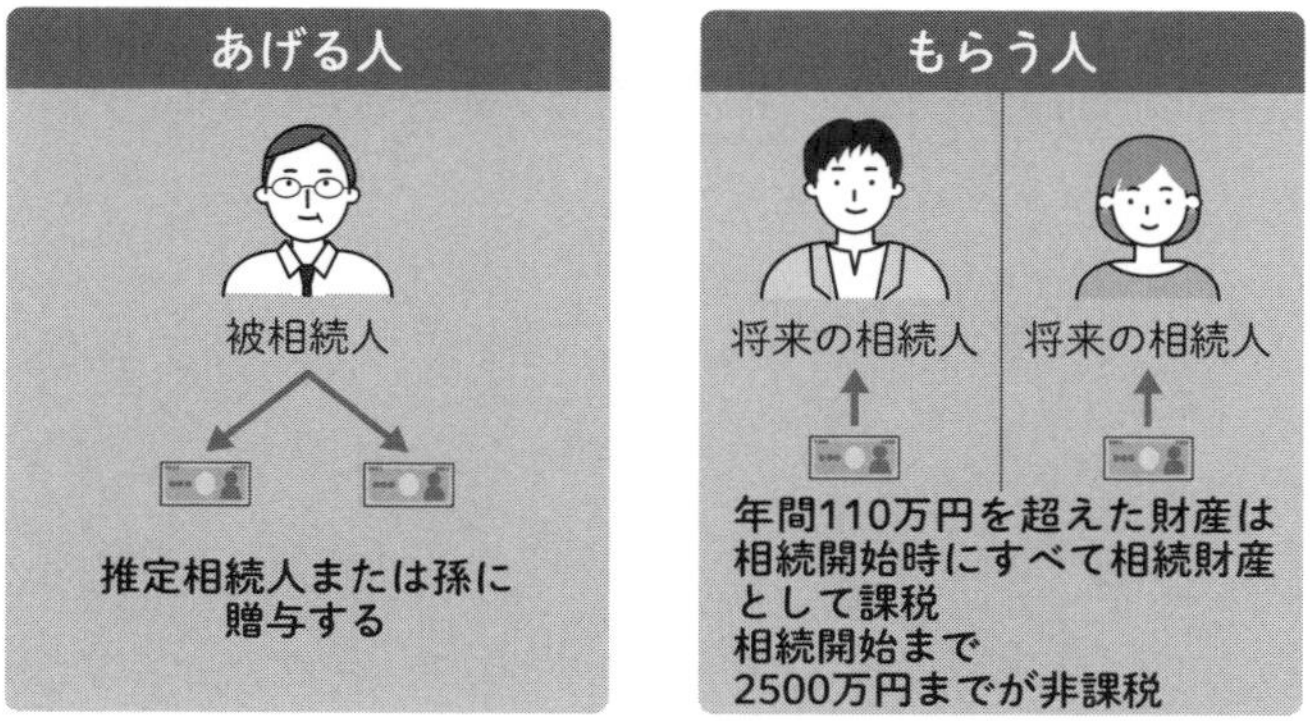

ればならない期限はありません。つまり、**複数年に分けて贈与できる**ということです。

被相続人が亡くなった段階で、贈与財産と相続財産を合計した金額から相続税を計算し、納税します。暦年贈与の持ち戻しとは異なり、納めていた贈与税額が相続税額より高い場合には、超過分は還付されます。

■相続時精算課税制度の注意点

①贈与時点での評価額で持ち戻される

相続時精算課税制度で節税対策を講じる場合に気をつけたいのは、贈与の持ち戻しです。**相続開始時に、贈与時点での評価額で相続財産に加算**（**持ち戻し**）**されます**。

金地金など、将来の値上がりが期待される財産は、相続時精算課税制度で値上がり前に譲っておけば差額分を節税できます。

一方、贈与後に何らかの理由で**財産の価値が大きく下がった場合は、税はかえって割高になってしまいます**。

貸している土地など、継続的に収益を生む財産は、自分が持っていると、収益の分だけ財産が増えます。先に譲っておくと、収益は相手のものとなり、相続財産を増やさずに済みます。

一方で、財産を譲った相手には、財産の維持費や固定資産税などの負担が生じます。

② すべての贈与が持ち戻される

相続時精算課税制度を選んで贈与をした相手には、**以後一生にわたり、暦年贈与はできません。**期間に関係なく、相続開始時にすべて相続財産に持ち戻されます。

ただし、２０２３年度の税制改正で、相続時精算課税制度に対して**年間１１０万円の基礎控除制度**が新設されました。これは、簡単にいうと、**贈与額が年間１１０万円以内であれば、特別控除の残額から引かなくていい**、という制度です。

したがって、年間１１０万円以内であれば実質非課税となり、相続財産への加算（持ち戻し）もされません。

③ 現金や預金の贈与は「損」に感じられやすい

現金などの「使えば減る財産」も、贈与したときの額で相続開始時に持ち戻されます。相続開始時までに使った分は、**すでに手もとになくても相続財産に加わる**ので、感覚的に「損」ととらえられがちです。

④特別控除額を使い切ると贈与税がかかる

特別控除額を使い切ると、それ以降の贈与には**一律20％の贈与税がかかります**。これは暦年贈与であれば３００万円超～４００万円以下の贈与額にかかる率です。

⑤相続税に関する特例は使えない

相続時精算課税制度では、相続税のさまざまな特例（小規模宅地等の特例など）は利用できません。

⑥特別控除額以内でも申告が必要

この制度を選びたい場合は、受贈者（子または孫など）が、贈与を受けた年の翌年の2月1日～3月15日の間に、贈与税の申告書のほか、必要な届出書類を提出しなければなりません。

贈与財産が２５００万円の特別控除額以内でも、「制度を利用する」という申告が必要です。

相続税を減らす方法③

一括贈与で相続財産を減らす

国の政策により、一定の目的でおこなわれる贈与は贈与税の特別控除ができ、相続でも優遇されています。

2024年現在の政策では、**直系の親子（あるいは祖父母と孫）の間でおこなわれる教育資金、結婚・子育て資金の一括贈与には、非課税枠が設けられています。**贈与の持ち戻しのときは、他の贈与と異なり、**「残額のみ」を相続開始時に相続財産に加算する**ことになっています。

ただし、これらは期間限定の制度で、適用期間を過ぎれば利用できません。

今後も、政策の一環として、このような「期間限定の贈与の特例」が制定されるかもしれません。うまく利用していきましょう。

■ 教育資金、結婚・子育て資金として使えるもの

結婚・子育て資金として利用できるものは、**挙式費用、衣装代等の婚礼費用、家賃、敷金等の新居費用、転居費用、不妊治療・妊婦健診に要する費用、分べん費等・産後ケアに要する費用、子どもの医療費、幼稚園・保育所等の保育料**などです（結婚・子育て資金の範囲については、こども家庭庁少子化対策室に問い合わせると確認できる）。

教育資金として利用できるものは、**学校の入学金、授業料、入園料、保育料、学用品の購入費、修学旅行費や学校給食費、学習塾の授業料、通学定期券代**などがあります（教育資金及び学校等の範囲については、文部科学省サイトなどで確認できる）。

贈与の手続きをする場合は、贈与者が金融機関と契約を結び、子どもや孫名義の口座に一括で贈与資金を入金します。受贈者に当たる人が、結婚や子育てにお金を使ったことを証明する領収書等を金融機関に提出すれば、非課税でお金を引き出すことができます。

なお、贈与した人が亡くなった時点で、贈与された人の口座の残額は原則として相続財産とみなされるので、なるべく早く使い切ってもらうことも考慮しましょう。

■ 図45　一括贈与の特例

特例	教育資金の一括贈与	結婚・ 子育て資金の一括贈与
控除額	財産を受け取る人1人につき 1,500万円	財産を受け取る人1人につき 1,000万円
適用期限	2026/3/31まで	2025/3/31まで
適用条件	●財産を受け取る人が30歳未満 ●財産を受け取る人の前年の所得が1000万円を超えていないこと ●対象金融機関で財産を受け取る人名義の口座を開設し、お金を引き出す場合は領収書をもらうこと	●財産を受け取る人が18歳以上50歳未満 ●財産を受け取る人の前年の所得が1000万円を超えていないこと ●対象金融機関で、財産を受け取る人名義の口座を開設し、お金を引き出す場合は領収書を提出すること
注意点	●使った金額分が控除対象 ●相続発生時に使い残しがあり、財産を受け取った人が23歳以上の場合は、その金額が相続財産に加算される ●原則として、財産を受け取った人が30歳に達し、使い残しがあった場合は、その金額が贈与税の対象となる ●学校以外の教育機関に使えるのは500万円まで	●使った金額分が控除対象 ●相続発生時に使い残しがあると、その金額が相続財産に加算される ●財産を受け取った人が50歳に達し、使い残しがあった場合は、その金額が贈与税の対象となる ●結婚関連に使えるのは300万円まで

相続税を減らす方法④

生命保険に入って非課税枠を手に入れる

生命保険金は、受取人の固有財産なので、将来の相続人が相続放棄しても確実に渡せる遺産です。遺したい人に遺せるほか、保険金受取人の口座に直接入金されるため、受け取った人はすぐに活用できます。

また、相続人が受け取った生命保険金には相続税の非課税枠があるので節税にもなります。

■生命保険を相続税の対象にするには

生命保険金の非課税枠を活用するには、保険の対象になる人（被保険者）・保険料を負担する人・保険金を受け取る人の組みあわせを見直し、**課される税を相続税になるようにしておく必要があります。**

■ 図46　生命保険金の受け取り時にかかる税金の種類

被保険者	保険料負担者	保険金受取人	税の種類
被相続人	被相続人	相続人	相続税
相続人	被相続人	被相続人	所得税
相続人A	被相続人	相続人B	贈与税

保険料負担者 ＝ 被保険者 → 相続税

被相続人が保険料を負担し、被保険者を自分、
保険金の受取人を相続人としている場合

保険料負担者 ＝ 受取人 → 所得税

被相続人が保険料を負担し、被保険者を相続人、
保険金の受取人を自分にしている場合

保険料負担者・受取人・被保険者が異なる → 贈与税

被相続人が保険料を負担し、被保険者を相続人A、
保険金の受取人を相続人Bにしている場合

生命保険金の非課税限度額と相続税額の計算式

500万円 × 法定相続人の数

相続人1人ひとりの相続税額

$$\text{受け取った保険金額} - \left[\text{非課税限度額} \times \left(\frac{\text{自分が受け取った額}}{\text{すべての相続人が受け取った額の合計}}\right)\right]$$

なぜなら、生命保険の対象になる人・保険料を負担する人・保険金を受け取る人の組みあわせで、税の種類が所得税・相続税・贈与税と変わるからです（173ページ図46）。

相続税の対象となるのは、**保険の対象になる人と保険料の負担者がどちらも「被相続人」で、保険金の受取人が「相続人」の場合**です。つまり、被相続人が契約して保険料を負担し、将来の相続人の誰かを受取人にしていなければ、相続税の非課税枠は使えないのです。

■非課税枠の計算でありがちな勘違い

生命保険金の非課税枠で勘違いしやすいのは、「1人につき500万円まで非課税になる」と考えることです。しかし実際は、相続人それぞれが、非課税限度額の全額から、**保険金の受取額の割合に応じて**分けて、差し引きます。

非課税枠の計算では、「法定相続人の人数」には、相続放棄した法定相続人の数も加えて計算します。

相続放棄をした場合、保険金は受け取れますが、相続税を申告するときには保険金の非課税枠は使えません。相続人でない人が保険金を受け取る場合も、非課税枠は使えません。

■ 図47　保険金の受取人が複数人のときの非課税枠

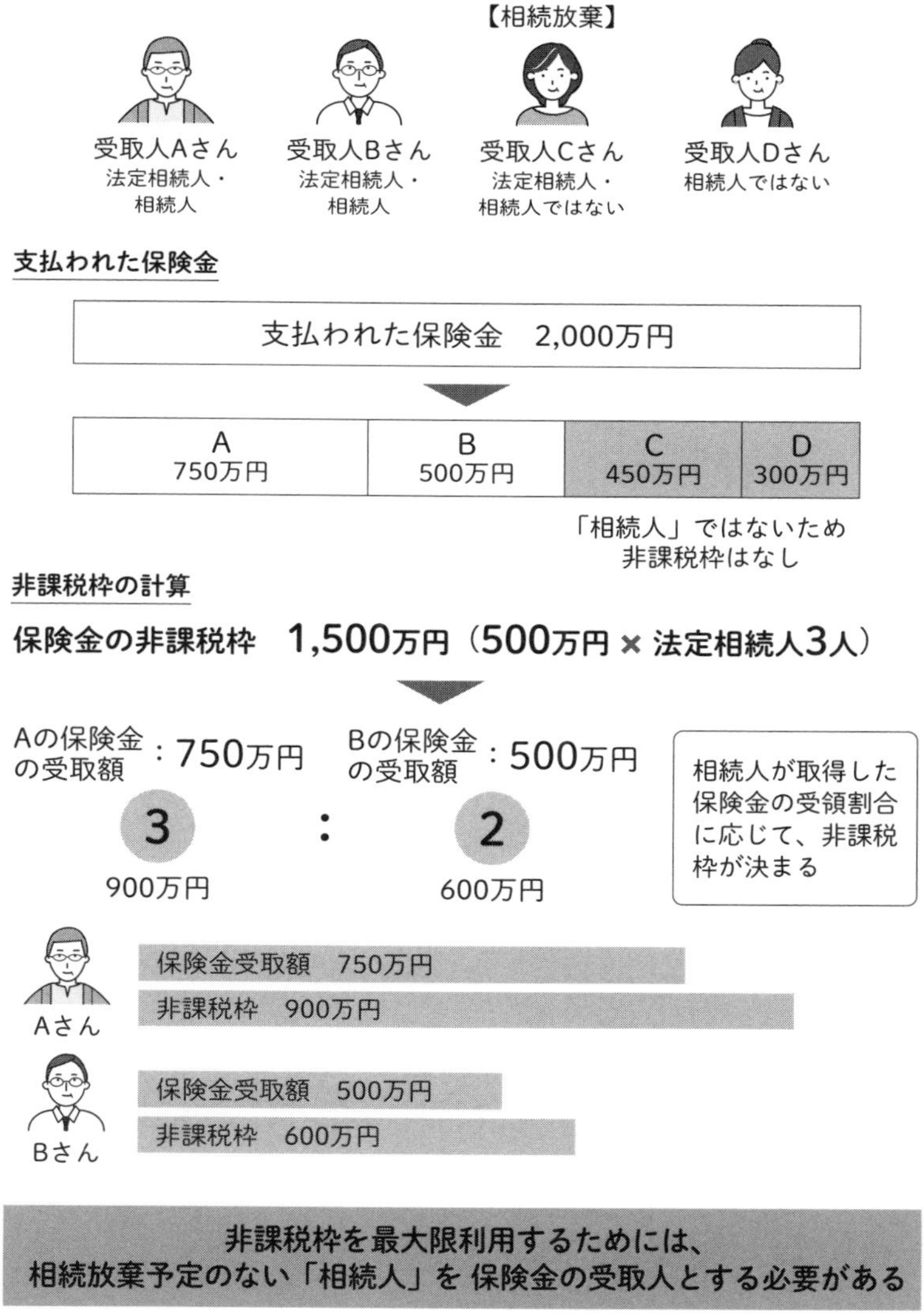
【相続放棄】
受取人Aさん
法定相続人・
相続人
受取人Bさん
法定相続人・
相続人
受取人Cさん
法定相続人・
相続人ではない
受取人Dさん
相続人ではない
支払われた保険金
支払われた保険金　2,000万円
A
750万円
B
500万円
C
450万円
D
300万円
「相続人」ではないため
非課税枠はなし
非課税枠の計算
保険金の非課税枠　1,500万円（500万円 × 法定相続人3人）
Aの保険金
の受取額
：750万円
Bの保険金
の受取額
：500万円
3
：
2
900万円
600万円
相続人が取得した
保険金の受領割合
に応じて、非課税
枠が決まる
保険金受取額　750万円
非課税枠　900万円
Aさん
保険金受取額　500万円
非課税枠　600万円
Bさん
非課税枠を最大限利用するためには、
相続放棄予定のない「相続人」を 保険金の受取人とする必要がある

相続税を減らす方法⑤

相続税を減らす7つの小ワザ

ここでは、これまで紹介した方法をふまえて、生前にできる節税対策の小ワザを7つ紹介します。ご自身の状況を把握したうえで、うまく活用してください。

■小ワザ① 「相続人にならない親族」に贈与する

相続では、7年間の贈与の持ち戻しに注意しなければなりませんが、その対象は相続（遺贈も含む）で財産を**受け取った人**に対するものに限られます。

つまり、**将来の相続人にならない人に対しては、相続間近に贈与をしても、相続財産に持ち戻されない**ということです。

たとえば、子世帯に財産を譲りたいなら、**子どもの配偶者や孫（子の子）**に対して（どちらも法定相続人ではない）、暦年贈与を基礎控除の範囲内でおこなえば、税負担は生じず、また、持ち戻しの期間を気にせず財産を動かせます。

■小ワザ②　孫を養子にして非課税枠を増やす

法定相続人が多くなれば、基礎控除額（1人当たり600万円）や生命保険金の非課税額（1人当たり500万円）が増えます。

法定相続人を直系の血縁に指定したければ、孫を1人養子にすれば節税になります。

相続税法では、**被相続人に実子がいる場合は養子は1人まで、実子がいない場合は養子は2人までが、実子と同じ権利を持ち、法定相続人になることができると定められています。**

複数の子世帯に孫がいる場合、法定相続人になれる養子の数は限られているので、世帯の遺産配分が不公平にならないように配慮をするとともに、養子にした孫は相続税が2割加算になるデメリットもあるので注意が必要です。

■小ワザ③　持ち家のない子どもに自宅を遺す

二次相続の場合（すでに配偶者が亡くなっていて1人暮らしの場合）、将来の相続人に持ち家のない人がいれば、その人に自宅の相続を希望する遺言を残すといいでしょう。一定の要件を満たせば、**家なき子特例により、小規模宅地等の特例を利用できます。**

みなが持ち家がある場合は、小規模宅地等の特例を利用できるように、誰か1人に今から同居してもらうとよいでしょう。

相続開始後、相続税の申告期限まで所有および利用を継続していれば、小規模宅地等の特例が使えるので、それ以降は引っ越してもいいわけです。

ただし、その場合は、空き家特例（被相続人が住んでいた家やその土地を売却した場合に、定められた要件に当てはまれば、所得税申告の際に利益から最高3000万円を控除できる）は使えなくなります。

■小ワザ④　自宅をリフォームする

建物の維持・修繕に使った費用は、通常の工事内容（原状回復程度）ならば相続財産になりません。不動産の中にリフォームが必要な古家があれば、実施しておきましょう。

また、自分が亡くなれば自宅が空き家になる場合は、それが1981年5月31日以前の建築物なら、耐震基準を最低限満たす工事をしておけば、相続人たちが将来売却するときに、空き家特例で控除を受けられる可能性があります。

ただし、増築や通常の維持のための修繕を超える改修は、支出額の一部を相続財産に計上する必要があるので、専門家に相談をしておこなうといいでしょう。

■小ワザ⑤　土地の使い方を変える

土地は、使い方の工夫で大きく財産としての評価を圧縮できる可能性があります。**生きている間に工夫すれば、相続税を計算するときの評価額を下げられます。**

たとえば、ひと続きの敷地で賃貸アパートと月極駐車場を営んでいると、アパートの敷地は貸家建付地、駐車場は自用の雑種地と、それぞれ別に評価されます。

しかし、駐車場を入居者専用に変えると、アパートとあわせて貸家建付地として、まとめて評価されます。「地積規模の大きな宅地」という減額の補正の適用も、できるかもしれません。

■小ワザ⑥　子どもや孫に贈与し、NISA口座で運用してもらう

株を売買して利益を上げると所得税がかかりますが、NISA口座（少額投資非課税口座）には、1人当たり合計1800万円の生涯非課税保有限度額が設定されています。

これを利用して、**受贈者に渡した財産をNISA口座で運用してもらうといいでしょう。**

ただし、預貯金と同じく、NISA口座の名義と管理者が異なれば、贈与者の財産とみなされ、相続税が課される対象になる可能性があります。金融機関の口座は、贈与を受け取った子どもや孫に管理してもらうようにしましょう。

■小ワザ⑦　お墓を購入する・墓じまいをする

「墓地や墓石、仏壇、仏具、神を祀る道具など日常礼拝をしているもの」は、相続税のかからない財産で、生前に購入すれば節税になります。

しかし、これは墓じまいや仏壇じまいのめんどうを相続人たちに遺すことになります。

墓じまい、仏壇じまいの費用は、内容にもよりますが、数十万円～300万円ぐらいかかるといわれます。現代にはあまりそぐわない節税方法かもしれません。

自分で墓じまい、仏壇じまいの手はずをつけて、代金の支払いまで終えておくほうが、相続財産が減って節税につながり、将来の相続人のふところも傷めなくて済むでしょう。

column

おしどり贈与とは

「夫婦の間で居住用の不動産を贈与したときの配偶者控除」（おしどり贈与）は、婚姻期間が20年以上の夫婦の間で、居住用不動産の贈与、または居住用不動産を取得するための金銭の贈与がおこなわれた場合、暦年贈与の基礎控除（年間110万円）のほかに最高2000万円まで控除できる特例です。

しかし、この特例はほとんど節税効果がありません。相続で配偶者に自宅を渡して「配偶者の税額の軽減」を活用すれば、実質無税で贈与できるからです。

おしどり贈与が有効なのは、自宅を財産から切り離して遺産を減らしておきたい場合と、被相続人の死後、**遺した家に配偶者が住めなくなる可能性がある場合**です。たとえば、多額の債務を遺すことになりそうで、配偶者に相続放棄をしてもらったほうがいいケース、自宅は子どもに相続してもらいたいが、子どもと配偶者の仲が悪く、配偶者を追い出す恐れがあるケースなどには有効でしょう。

相続税申告のための財産チェックリスト

※国税庁の資料をもとに作成。くわしくは「相続税の申告のしかた」で紹介されている。
参考：https://www.nta.go.jp/publication/pamph/sozoku-zoyo/2023/pdf/r05-01.pdf

①相続財産の分割	□ 遺言書はありますか? □ 相続人に未成年者はいますか? □ 戸籍の謄本等はありますか? □ 遺産分割協議書はありますか?
②不動産	□「登記」をしておらず、所有者や所在が不明な不動産はありませんか? □ 複数人で所有している不動産はありませんか? □ 前回の相続人の名義のままの不動産はありませんか? □ 他の市区町村に不動産は所有していませんか? □ 国外に不動産は所有していませんか? □ 他人の土地の上に建物を所有していませんか? □ 小作料を支払い、他人の土地で農業をしていませんか? □ 貸付地について、「土地の無償返還に関する届出」は提出されていませんか? □ 登記簿上の土地の面積より実測面積が大きい土地はありませんか?
③有価証券	□ 株式・出資・公社債・貸付信託・証券投資信託の受益証券等は確認しましたか? □ 名義が異なる、被相続人が所有していたものはありませんか? □ 増資等による株式の増加分は確認しましたか? □ 株式の割当を受ける権利、配当期待権はありませんか? □ 国外に有価証券はありませんか?
④現金・預貯金	□ 相続開始日時点の残高で計算しましたか? □ 郵便貯金を確認しましたか? □ 名義が異なる、被相続人が所有していたものはありませんか? □ 国外に預貯金はありませんか? □ 相続開始日時点で解約した預貯金の利息は確認しましたか?

⑤生命保険金・退職手当金	□ 生命保険金は確認しましたか? □ 生命保険契約に関する権利は確認しましたか? □ 契約者が家族名義などで、被相続人が保険料を負担していた生命保険契約はありませんか? □ 退職手当金は確認しましたか? □ 退職手当金等（弔慰金、花輪代、葬祭料等の支給）に当たるものはありませんか?
⑥家庭用財産	□ 家庭用財産は確認しましたか?
⑦事業（農業）用財産	□ 事業用財産あるいは農業用財産は確認しましたか?
⑧立木	□ 木材となる種類・樹齢の木は所有していますか?
⑨その他の財産	□ 貸付金、前払金等はありませんか? □ 庭園設備、自動車、ヨット等はありませんか? □ 貴金属（金地金等）、書画、骨とう等はありませんか? □ ゴルフ会員権やレジャークラブ会員権等はありませんか? □ 未収給与、未収地代・家賃等はありませんか? □ 未収配当金は確認しましたか? □ 特許権、著作権、営業権等はありますか? □ 未収穫の農産物等はありませんか? □ 所得税および復興特別所得税の準確定申告の還付金はありませんか? □ 損害保険契約に関する権利は確認しましたか?
⑩債務	□ 借入金、未払金、未納となっていた固定資産税、所得税などは確認しましたか? □ 預かり保証金（敷金）等は確認しましたか? □ 相続を放棄した相続人はいませんか?
⑪葬式費用	□ 法要や香典返しに要した費用が含まれていませんか? □ 墓石や仏壇の購入費用が含まれていませんか?

⑫生前贈与財産の相続財産への加算	【相続時精算課税】 □ 相続時精算課税にかかわる贈与で取得した財産は加えましたか? □ 相続時精算課税適用者がいる場合に必要な書類は確認しましたか? 【暦年課税】 □ 相続開始前7年以内に贈与を受けた財産は確認しましたか? □ 配偶者が相続開始の年に被相続人から贈与を受けた居住用不動産または金銭を特定贈与財産としている場合に必要な書類を確認しましたか? 【「教育資金」または「結婚・子育て資金」の一括贈与にかかわる非課税の特例】 □ 贈与後、使いきれずに残った金額を確認しましたか?
⑬土地の評価	□ 土地の評価は実測面積でおこなっていますか? □ 貸付地は地上権や賃借権または借地借家法に規定する借地権が設定されている土地ですか? □ 地目(不動産登記法で決められた土地の種類)は現況地目で評価し、画地計算に誤りはありませんか? □ 固定資産税評価額、財産評価基準の倍率、路線価の計算に誤りはありませんか? □ 借地権割合、借家権割合は確認しましたか? □ 市街地周辺農地は20%評価減をしていますか? □ 市街地農地は20%評価減をしていませんか? □ 市街地農地等の宅地造成費の計算に誤りはありませんか? □ 棚卸資産である不動産の評価は適正ですか?
⑭非上場株式の評価	□ 貸借対照表にない借地権はありませんか? □ 機械等にかかわる割増償却額は確認しましたか? □ 法人の受取生命保険金および生命保険の権利の評価を資産計上していますか? □ 財産的価値のない繰延資産(支払済・支払義務が確定した資産)を確認しましたか? □ 準備金、引当金を負債計上していませんか?

	□ 死亡退職金を負債計上していますか? □ 受取生命保険金の保険差益について、課される法人税の金額等を負債計上していますか? □ 未納公租公課を負債計上していますか? □ 3年以内に取得した土地・建物等は、「通常の取引価額」で計上していますか?
⑮上場株式の評価	□ 上場株式の評価は確認しましたか? □ 利付債、割引債を額面で評価していませんか?
⑯特例	□ 特例をすべて確認しましたか?（小規模宅地等の特例、農地等の納税猶予の特例、特定計画山林の特例など） □ 特例の適用に必要な書類を確認しましたか? □ 申告期限を確認しましたか?
⑰基礎控除額	□ 法定相続人の数は戸籍謄本等で確認しましたか? □ 代襲相続人はいませんか? □ 養子縁組（あるいは取消し）した人はいませんか? □ 法定相続人の数に含める養子の数は確認しましたか?
⑱税額計算等	□ 相続人以外で、遺贈・死因贈与で財産を取得した人はいませんか? □ 相続または遺贈により財産を取得した人が孫や兄弟姉妹、受遺者等の場合の、税額加算を確認しましたか? □ 贈与税額控除、障害者控除、未成年者控除や相次相続控除などの控除額は確認しましたか?

※立木の評価、特定計画山林の特例、農地等の納税猶予の特例は本書では省略。

編集協力者プロフィール

円満相続を
応援する士業の会

井内《いうち》　敏樹《としき》

代表税理士（代表社員）

「安心が私達の商品です」

一般の相続から自社株対策まであらゆる相続に対応いたします。旭川、札幌、北見に拠点を持つ道北最大級の税理士法人で、併設の相続税相談センターを中心に司法書士、弁護士等と提携し親切、ていねい、誠実にお客様へ「安心」を提供し続けています。

税理士法人 中央総合会計
〒070-0037　北海道旭川市7条通13丁目59番地4
TEL：0166-25-4131　FAX：0166-25-4132
E-mail：cyuou@csk-i.com
URL：http://www.csk-i.com

吉田《よしだ》　和義《かずよし》

代表社員・税理士・行政書士

相続の問題は誰に任せるかで結果が大きく変わります。「相続税の申告をどうしよう？」「税務署は大丈夫？」。そんなときは私どもにご相談ください。当センターがあなたの問題を一緒に考え、わかりやすくご説明し、的確に対応いたします。明朗でわかりやすい料金プラン、ご契約前のお見積り提示で安心です。

税理士法人吉田会計／行政書士法人木更津相続サポートセンター
〒292-0057　千葉県木更津市東中央2-4-14　木更津東中央ビル2階
TEL：0120-44-2767　FAX：0438-23-4662
E-mail：yoshidakaikei@cronos.ocn.ne.jp
URL：http://www.kisaradu-souzoku.com

中田《なかた》　義直《よしなお》

税理士・ファイナンシャルプランナー（CFP®）・一般社団法人民事信託活用支援機構会員

税務署退官後、2016年に税理士登録。「人生100年時代」を迎え、当事務所では、弁護士、司法書士、民事信託・任意後見コンサルタントなどのプロフェッショナルとネットワークを構築し、特に「認知症社会」における財産管理・事業承継・相続をワンストップで支援していきます。ホームページを是非ご覧ください。

中田義直税理士事務所
〒150-0002　東京都渋谷区渋谷2-3-8　倉島渋谷ビル502号
TEL：03-5778-3317　FAX：03-5778-3318
E-mail：y-nakata@nbcc.jp
URL：https://www.nbcc.jp

小林《こばやし》 直樹《なおき》

税理士・ファイナンシャルプランナー

業界でも珍しい！土日祝日営業！初回節税シミュレーションは無料！！
大家さんの相続対策・所得税対策に特化した税理士事務所です。
相続税還付・消費税還付に関して200件以上の成功実績！2000人以上の相談実績・TV出演実績・YouTube・アメブロにて分かりやすい税金解説に定評あり！お気軽にお問い合わせください。

wish会計事務所
〒173-0004　東京都板橋区板橋1-53-2　TM21ビル302号室
TEL：03-5944-2850　FAX：03-5944-2851
E-mail：kobayashi@wishkaikei.net
URL：https://www.wishkaikei.com

中垣《なかがき》 健《けん》

税理士・行政書士

2008年開業以来、中小企業の経営相談、税務相談、事業承継や相続相談等のサービスを実施してまいりました。相続に関する相談を専門的に解決するため、「おかざき相続税・贈与税相談プラザ」「あおい相続手続プラザ」を開設し、ご遺族の円満な遺産分割と節税対策の提案を心がけております。お気軽にご相談下さい。

中垣健税理士事務所／おかざき相続税・贈与税相談プラザ／あおい相続手続プラザ
〒444-0201　愛知県岡崎市上和田町南屋敷3番地
TEL：0564-73-2324　FAX：0564-73-2325
E-mail：nakagakiken@tkcnf.or.jp
URL：https://okapura-souzoku.com　URL：https://nakagaki-tax.com

平井《ひらい》 真《まこと》

税理士

平成29年税理士登録。2年間事務所勤務を経験した後、平井真税理士事務所を開業。元国税調査官で、28年間相続税を中心とした資産課税の調査に従事。調査官時代の経験を御依頼主様の相続税申告に役立てることができます。
「その日」が来ない人はいません。対策を始めるなら今です！

平井真税理士事務所
〒540-0012　大阪府大阪市中央区谷町1丁目7番3号　天満橋千代田ビル2階
TEL：06-4397-3226　FAX：06-4397-3227
E-mail：info@hirai-tax.jp
URL：https://hirai-tax.jp

木村《きむら》　健二《けんじ》

税理士

相続税申告や相続税還付請求、二次相続対策、生前対策、不動産評価など、豊富な経験を活かした資産税コンサルティングが最大の強み。相続に関する悩みを総合的にサポートし、依頼主に寄り添ったサービスを提供する。1万人超の税理士団体（TKC全国会）において相続税に関する研修講師を務める。

大阪中河内税理士事務所
〒581-0069　大阪府八尾市龍華町1丁目4番1-1305号
TEL：072-983-6607　FAX：072-983-6881
E-mail：kimura.kenji@tkcnf.or.jp
URL：https://osakanakakawachi-tax.tkcnf.com

宮尾《みやお》　文也《ふみや》

税理士・行政書士

当事務所では、令和5年に複雑な財産評価が必要な相続税に対応するために、専門スタッフを中心に相続税専門部署を設置しました。実績40年余りの事務所として、地元（和歌山）密着の事務所をモットーにしています。相続税・贈与税・遺言書作成についてお気軽にご相談ください。

税理士法人 宮尾事務所
〒649-0133　和歌山県海南市下津町下222
TEL：073-492-3649
E-mail：office@miyao-net.com
URL：https://miyao-souzoku.com

河鍋《かわなべ》 優寛《まさひろ》

公認会計士・税理士

2018年公認会計士登録、2022年税理士登録後、河鍋公認会計士・税理士事務所を開業しました。「会計税務顧問」、「相続・事業承継」を専門とし、お客様のベストパートナーを目指しています。相続税・贈与税申告・所得税申告は累計100件を超えており、若さと接しやすさを武器に、「気軽に」相談できる専門家として今後も業務に励んで参ります。

河鍋公認会計士・税理士事務所
〒811-1213　福岡県那珂川市中原2-116-803
TEL：080-5273-2572
E-mail：cpa-tax@kawanabe-office.net
URL：https://kawanabe-office.net

北海道

税理士法人 中央総合会計　井内敏樹 …… 190

千葉

税理士法人吉田会計／行政書士法人木更津相続サポートセンター　吉田和義 …… 190

東京都

中田義直税理士事務所　中田義直 …… 190

wish 会計事務所　小林直樹 …… 191

愛知県

中垣健税理士事務所／おかざき相続税・贈与税相談プラザ
／あおい相続手続プラザ　中垣健 …… 191

大阪府

平井真税理士事務所　平井真 …… 191

大阪中河内税理士事務所　木村健二 …… 192

和歌山県

税理士法人 宮尾事務所　宮尾文也 …… 192

福岡県

河鍋公認会計士・税理士事務所　河鍋優寛 …… 192

［監修］

税理士法人トゥモローズ

相続税申告を中心に相続を専門に取り扱う税理士法人。年間300件超の相続税申告やその他多数の相続に関する相談を取り扱っています。“お客様の思いを幸せな明日へ”を信条とし、謙虚に、素直に、誠実にお客様目線を徹底的に貫くサービスに定評があります。

［編集協力］

円満相続を応援する士業の会

遺産相続は、場合によっては親族間での遺産争いになることがあり、「争続（争族）」などと揶揄されることがあるほどトラブルの生じやすい問題でもあります。そのような問題をはじめ、色々な悩み事の解決を総合的に行っている事務所です。遺言や贈与、信託はもちろんのこと、円満な相続を行っていただく為のお手伝いをします。

［著］

株式会社エッサム

昭和38 年（1963 年）の創業以来、一貫して会計事務所及び企業の合理化の手段を提供する事業展開を続けております。社是である「信頼」を目に見える形の商品・サービスにし、お客様の業務向上に役立てていくことで、社会の繁栄に貢献します。

家族《かぞく》をしっかり守《まも》る
相続《そうぞく》 超入門《ちょうにゅうもん》

〈検印省略〉

2024年 3 月 13 日 第 1 刷発行

監 修 者――税理士法人トゥモローズ
編集協力者――円満相続を応援する士業の会
著　　者――株式会社エッサム
発 行 者――田賀井 弘毅

発行所――株式会社あさ出版
〒171-0022 東京都豊島区南池袋 2-9-9 第一池袋ホワイトビル 6F
電　話 03 (3983) 3225 (販売)
03 (3983) 3227 (編集)
F A X 03 (3983) 3226
U R L http://www.asa21.com/
E-mail info@asa21.com
印刷・製本 (株) シナノ

note http://note.com/asapublishing/
facebook http://www.facebook.com/asapublishing
X http://twitter.com/asapublishing

ISBN978-4-86667-669-2 C2034